D1284102

TRISTAN
UND
ISOLDE

RICHARD WAGNER

TRISTAN UND ISOLDE

COMPLETE ORCHESTRAL SCORE

DOVER PUBLICATIONS, INC., NEW YORK

This Dover edition, first published in 1973, is an unabridged and unaltered republication of an edition originally published by C. F. Peters, Leipzig, n.d. [1911 or slightly thereafter]. In the present edition the introductory matter also appears in a specially prepared new English translation.

International Standard Book Number: 0-486-22915-7
Library of Congress Catalog Card Number: 72-93605

Manufactured in the United States of America
Dover Publications, Inc.
180 Varick Street
New York, N. Y. 10014

FELIX MOTTL
(1856 - 1911)

Tristan und Isolde was the last opera conducted by Felix Mottl (Munich, June 21, 1911) and also the last work he edited, though illness and death prevented him from completing his edition.

The present score corresponds to the original score, except for the instructions introduced by a "*B*." These instructions, which were added by Felix Mottl and chiefly provide complete stage directions for the role of Isolde, reflect the details of Mottl's own performance and staging; they are published for the first time in this score.

CHARACTERS

TRISTAN	Tenor	MELOT	Tenor
KING MARKE	Bass	BRANGÄNE	Soprano
ISOLDE	Soprano	A SHEPHERD	Tenor
KURWENAL	Baritone	A STEERSMAN	Baritone

SAILORS, KNIGHTS AND SQUIRES

SCENE OF THE ACTION:

First Act: At sea, on the deck of Tristan's ship, during the crossing from Ireland to Cornwall. *Second Act:* In Marke's royal castle in Cornwall. *Third Act:* Tristan's castle in Brittany.

CONTENTS

First Act

page

Prelude 7

Scene I (A young Sailor, Isolde, Brangäne)
SAILOR: "Westwärts schweift der Blick" 21

Scene II (The preceding, Kurwenal, Tristan, a young Sailor)
SAILOR: "Frisch weht der Wind der Heimat zu" 35

Scene III (Isolde, Brangäne)
BRANGÄNE: "Weh, ach wehe! dies zu dulden" 53

Scene IV (Kurwenal, Isolde, Brangäne)
KURWENAL: "Auf! Auf! Ihr Frauen! Frisch und froh!" 106

Scene V (Tristan, Isolde, Brangäne)
TRISTAN: "Begehrt, Herrin, was ihr wünscht" 131

Second Act

Prelude 207

Scene I (Isolde, Brangäne)
ISOLDE: "Hörst du sie noch?" 216

Scene II (Tristan, Isolde)
TRISTAN: "Isolde! Geliebte!" 264
"O sink hernieder, Nacht der Liebe" 348

Scene III (The preceding, Brangäne, Kurwenal, Melot, Marke)
KURWENAL: "Rette dich, Tristan" 428
MARKE: "Tatest du's wirklich?" 433

Third Act

page

Prelude 463

Scene I (Shepherd, Kurwenal, Tristan)
SHEPHERD: "Kurwenal! He!" 466
TRISTAN: "Die alte Weise" 522

Scene II (Tristan, Isolde)
TRISTAN: "O diese Sonne!" 580
ISOLDE: "Ha! Ich bin's, süssester Freund" 598

Scene III (The preceding, Shepherd, Kurwenal, Melot, Brangäne, Marke)
SHEPHERD: "Kurwenal! Hör! Ein zweites Schiff" 610
ISOLDE: (Isolde's transfiguration) "Mild und leise" 633

INSTRUMENTS OF THE ORCHESTRA

BOWED STRINGS:	First and second Violins. Violas. Violoncelli. Basses. (Players should be especially skillful, and numerous.)
WOODWINDS:	3 Flutes (the third player must perform the Piccolo part). 2 Oboes. 1 English Horn. 2 Clarinets. 1 Bass Clarinet. 3 Bassoons.
BRASS:	4 Horns.* 3 Trumpets. 3 Trombones.** 1 Bass Tuba.
PERCUSSION:	1 pair of Kettledrums (to ensure proper changing of pitch, these should be reinforced by a third drum). 1 Triangle. 1 pair of Cymbals.
PLUCKED STRINGS:	1 Harp.

In addition, on (or back) stage:

3 Trumpets. 3 Trombones. 6 Horns (more if possible). 1 English Horn.***

* The composer feels called upon to recommend that special attention be given the treatment of the horns. The introduction of the valve has doubtless done so much for this instrument that it is difficult to ignore this improvement, although the horn has thereby suffered undeniable loss in the beauty of its tone, as well as in its powers of smooth legato. In view of this great loss, the composer, who is concerned with the preservation of the true character of the horn, would have to refrain from employing valve horns, had he not learned that excellent performers have been able to eliminate these drawbacks almost completely by especially careful execution, so that it was barely possible to tell the difference in tone and legato. In expectation of a hopefully inevitable improvement of the valve horn, it is urgently recommended that the horn players study their parts in the present score with great care in order to find the proper application of the appropriate tunings and valves for all requirements of execution. The composer has already definitely called for the E-crook (as well as the F-crook). The horn players themselves must decide whether the attachment of the respective crooks will permit the other changes of pitch that frequently appear in the score for easier notation of the low tones or of the required timbre of higher tones; but the composer has generally assumed that the individual low tones, especially, can be produced by transposition. — The individual notes marked with a + indicate stopped tones; and even if these occur in tunings in which they are open, it is still assumed each time that the player will change the pitch by means of a valve in such a way that the intended tone sounds like a stopped one.

** The first two trombones are understood throughout to be so-called tenor-bass trombones (thus no alto trombone is to be used); the third trombone part, in any case, is to be played by a real bass trombone.

*** The performance of the Shepherd's air on the English horn (in the first scene of the third act) requires such an accomplished artist that it must be undertaken, and played behind the scenes, by the same musician who plays the English horn in the orchestra during the entire evening. Since the English horn is not used again in the orchestra until the second scene, the player will have enough time to resume his place in the orchestra by then. This will be even easier if the merry air toward the end of the first scene, which is much simpler, is played by a different musician, either on the English horn again (with reinforcement from other wind players) or (as indicated in the note on the passage, page 558) on a specially built simple natural instrument.

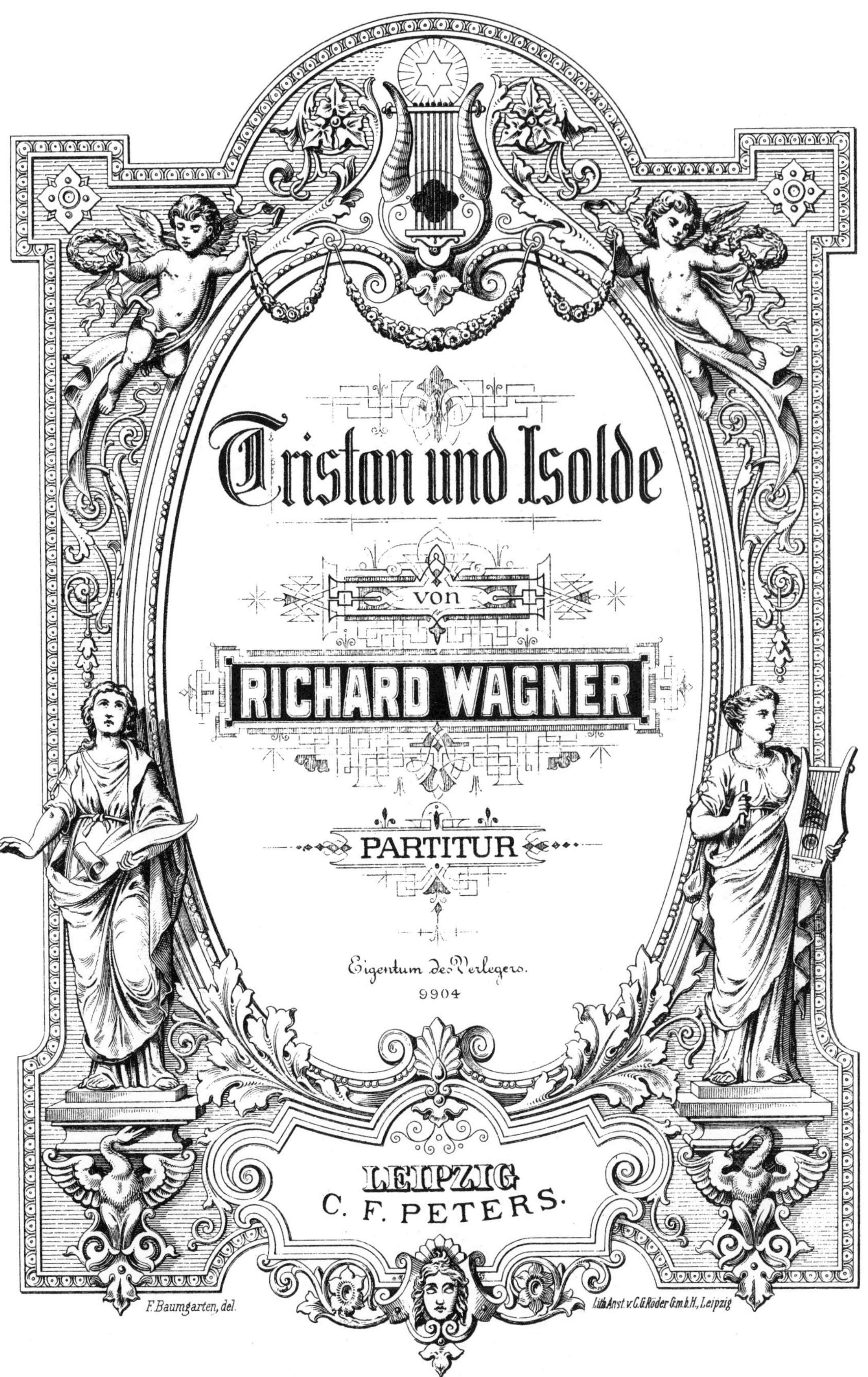

Tristan und Isolde
von
RICHARD WAGNER
PARTITUR
Eigentum des Verlegers.
9904
LEIPZIG
C. F. PETERS.
F. Baumgarten, del.
Lith. Anst. v. C. G. Röder G.m.b.H., Leipzig

FELIX MOTTL

‹1856—1911›

TRISTAN UND ISOLDE war die letzte Oper, welche Felix Mottl dirigierte ‹München, den 21. Juni 1911› und auch seine letzte Revisions=Arbeit, deren Vollendung Krankheit und Tod ein Ziel setzten. — Die vorliegende Partitur ist der Original=Partitur entsprechend, nur die mit B bezeichneten Angaben, ins=besondere die dramatische Ausgestaltung der gesamten Isolden=Partie, sind von Felix Mottl hinzugefügt und werden als Ergebnis seiner Bühnenpraxis erstmalig in dieser Partitur geboten.

TRISTAN UND ISOLDE

PERSONEN:

TRISTAN	Tenor.	MELOT	Tenor.
KÖNIG MARKE	Baß...	BRANGÄNE	Sopran
ISOLDE	Sopran	EIN HIRT	Tenor.
KURWENAL	Bariton	EIN STEUERMANN	Bariton

Schiffsvolk, Ritter und Knappen

Schauplatz der Handlung:

Erster Aufzug: Zur See auf dem Verdeck von Tristans Schiff, während der Überfahrt von Irland nach Kornwall. — Zweiter Aufzug: In der königlichen Burg Markes in Kornwall. — Dritter Aufzug: Tristans Burg in der Bretagne.

INHALT

Erster Aufzug

Seite

Einleitung 7

Szene I (Ein junger Seemann, Isolde, Brangäne)
Seemann: Westwarts schweift der Blick 21

Szene II (Die Vorigen, Kurwenal, Tristan, ein junger Seemann)
Seemann: Frisch weht der Wind der Heimat zu 35

Szene III (Isolde, Brangäne)
Brangäne: Weh, ach wehe! dies zu dulden 53

Szene IV (Kurwenal, Isolde, Brangäne)
Kurwenal: Auf! Auf! Ihr Frauen! Frisch und froh! 106

Szene V (Tristan, Isolde, Brangäne)
Tristan: Begehrt, Herrin, was ihr wünscht 131

Zweiter Aufzug

Einleitung 207

Szene I (Isolde, Brangäne)
Isolde: Hörst du sie noch? 216

Szene II (Tristan, Isolde)
Tristan: Isolde! Geliebte! 264
O sink hernieder, Nacht der Liebe 348

Szene III (Die Vorigen, Brangäne, Kurwenal, Melot, Marke)
Kurwenal: Rette dich, Tristan 428
Marke: Tatest du's wirklich? 433

Dritter Aufzug

Einleitung 463

Szene I (Hirt, Kurwenal, Tristan)
Hirt: Kurwenal! He! 466
Tristan: Die alte Weise 522

Szene II (Tristan, Isolde)
Tristan: O diese Sonne! 580
Isolde: Ha! Ich bin's, süßester Freund 598

Szene III (Die Vorigen, Hirt, Kurwenal, Melot, Brangäne, Marke)
Hirt: Kurwenal! Hör! Ein zweites Schiff 610
Isolde: (Isoldens Verklärung) Mild und leise 633

INSTRUMENTE DES ORCHESTERS

Streichinstrumente. Erste und zweite Violinen. — Bratschen. Violoncelle. — Kontrabässe. } Vorzüglich gut und stark zu besetzen.

Holzblasinstrumente. 3 große Flöten, von denen die dritte mit der kleinen Flöte abzuwechseln hat. — 2 Hoboen. — 1 Englisch Horn. — 2 Klarinetten. — 1 Baßklarinette. — 3 Fagotte.

Blechinstrumente. 4 Hörner*). — 3 Trompeten. — 3 Posaunen**). — 1 Baßtuba.

Schlaginstrumente. 1 Paar Pauken. — (Der Sicherung der Umstimmung wegen durch eine dritte Pauke zu verstärken.) — 1 Triangel. — 1 Paar Becken.

Saiteninstrument. 1 Harfe.

Hierzu auf dem Theater:

3 Trompeten. 3 Posaunen. 6 Hörner (nach Möglichkeit zu verstärken).
1 Englisch Horn***).

---

*) Die Behandlung des Hornes glaubt der Tonsetzer einer vorzüglichen Beachtung empfehlen zu müssen. Durch die Einführung der Ventile ist für dieses Instrument unstreitig so viel gewonnen, daß es schwer fällt, diese Vervollständigung unbeachtet zu lassen, obgleich dadurch das Horn unleugbar an der Schönheit seines Tones, wie namentlich auch an der Fähigkeit, die Töne weich zu binden, verloren hat. Bei diesem großen Verluste müßte allerdings der Komponist, dem an der Erhaltung des echten Charakters des Hornes liegt, sich der Anwendung der Ventilhörner zu enthalten haben, wenn er nicht andererseits die Erfahrung gemacht hätte, daß vorzügliche Künstler durch besonders aufmerksame Behandlung die bezeichneten Nachteile fast bis zur Unmerklichkeit aufzuheben vermochten, so daß in bezug auf Ton und Bindung kaum noch ein Unterschied wahrzunehmen war. In Erwartung einer hoffentlich unausbleiblichen Verbesserung des Ventilhornes sei daher den Hornbläsern dringend empfohlen, die in der vorliegenden Partitur ihnen zugewiesenen Partien sehr genau zu studieren, um für alle Erfordernisse des Vortrages die richtige Verwendung der entsprechendsten Stimmungen und Ventile auszufinden. Schon hat der Komponist auf den E-Bogen (neben dem F-Bogen) unbedingt gerechnet; ob daneben auch die anderen Umstimmungen, wie sie zur leichteren Bezeichnung der tiefen, oder auch des erforderlichen Klanges höherer Töne, häufig in der Partitur angegeben sind, durch Aufsetzen der betreffenden Bogen zu vermitteln sein werden, mögen die Hornbläser selbst entscheiden; doch hat der Komponist meist angenommen, daß, namentlich die einzelnen tiefen Töne, durch Transposition hervorzubringen seien. — Die mit einem + bezeichneten einzelnen Noten bedeuten gestopfte Töne; und mögen diese nun auch in Stimmungen vorkommen, in welchen sie offen liegen, so ist doch jedesmal angenommen, daß dann der Bläser durch ein Ventil die Stimmung der Art wechsele, daß der gemeinte Ton als gestopfter zu Gehör komme.

**) Unter den zwei ersten Posaunen sind durchaus sogenannte Tenor-Baßposaunen (also keine Altposaune dabei) verstanden; die dritte Posaune ist jedenfalls durch eine wirkliche Baßposaune zu besetzen.

***) Der Vortrag des Hirtenreigens auf dem Englischen Horn (in der ersten Szene des dritten Aktes) erfordert einen so vollendeten Künstler, daß er jedenfalls von demselben Bläser übernommen und hinter der Szene ausgeführt werden muß, welcher im Verlaufe des ganzen Abends das Englische Horn im Orchester bläst. Da das Englische Horn erst für die zweite Szene wieder im Orchester angewandt ist, wird der Bläser genügende Zeit haben, bis dahin seinen Platz daselbst wieder einzunehmen, was noch mehr erleichtert wird, wenn der bei weitem einfachere heitere Reigen gegen Ende der ersten Szene von einem andern Musiker, entweder (mit Verstärkung anderer Holzbläser) ebenfalls auf dem Englischen Horn, oder (wie in der Anmerkung zu der betreffenden Stelle, Seite 373, angegeben ist) auf einem eigens hierzu angefertigten einfachen Naturinstrumente, geblasen werden kann.

Erster Aufzug.

Einleitung.

Richard Wagner.

B. Zaghaft
zu 2
B. Gleichmäßig; sehr ruhig von hier an.
Gr. Fl. I.
Hob.
Klar. I in A.
Engl. H.
in F.
Hr.
in E.
Fag.
Baßkl. in A.
I.
Viol.
II.
Br.
Vcl.
K.B.
cresc.
più f
pizz.
Bog.
poco rall.
(auf dem G)
riten.
a tempo
dim.
zart
Hr. III. IV in E.

B. Nicht eilen!
Hob.I.
Klar. in A.
Engl.H.
in F.
Hr.
in E.
Fag.
Baßkl. in A.
I.
Viol.
II.
Br.
Vcl.
K.B.
zu 2
cresc.
dim.
ten.
più p
belebt
zart
(get.)

Belebend.
rallent.
a tempo
Gr. Fl. I.
Hob. I.
Klar. in A.
Engl. H.
in F.
Hr.
in E.
Fag.
Baßkl. in A.
Viol.
I.
II.
Br.
Vcl.
K.B.
cresc.
zart
dim.
p
zu 2
molto cresc.
ff
(G)
(zus.)
sf
(get.)

B. Ohne zu eilen!
Gr. Fl.
Hob.
Klar. in A.
Engl. H.
in F.
Hr.
in E.
Fag.
Baßkl. in A.
Viol. II.
Br.
Vcl.
K.B.
zart
dim.
p
sf
cresc.
più p
zu 2

Gr. Fl.
zu 2
cresc.
f
dim.
p
Hob.
Klar. in A.
Engl. H.
in F.
Hr.
in E.
Fag.
Baßkl. in A.
I.
Viol.
II.
Br.
Vcl.
K.B.
p cresc.
dim.

B. Niemals eilen!
Eher breiter werden!
Gr. Fl.
Hob.
Klar. in A.
Engl. H.
in F.
Hr.
in E.
Fag.
Baßkl. in A.
I.
Viol.
II.
Br.
Vcl.
K.B.
più f
ff
espress.
zu 2
meno f
dim.
sempre più f

Gr.Fl.I.II.
Hob.
zu 2
molto cresc.
Engl.H.
in F.
Hr.
in E.
II.
III.
p cresc.
Fag.
Baßkl. in A.
Pos.
I.
Viol.
II.
sempre più f
Br.
Vcl.
K.B.

Gr. Fl. I. II.
Hob.
Klar. in A.
Engl. H.
I. in F.
Hr. II. in F.
III. IV. in E.
Fag.
Baßkl. in A.
Pos.
I.
Viol.
II.
Br.
Vcl.
K.B.
p cresc.
f
zu 2
più f
ff
molto cresc.
cresc.
p

zu 3
Gr. Fl.
piu f
ff
zu 2
Hob.
Klar. in A.
Engl. H.
in F.
in F.
Hr.
in E.
in E.
Baßkl. in A.
Fag.
cresc.
Pos.
B. T.
Pk.
tr
p cresc.
I.
Viol.
II.
sul G
Br.
Vcl.
K.B.

B. Im Tempo bleiben!
zu 3
Gr. Fl.
sempre f
più f
zu 2
Hob.
zu 2
Klar. in A.
Engl. H.
in F.
dim.
f espress.
Hr.
in E.
Baßkl. in A.
ff
Fag.
B. T.
Pk.
mf
I.
Viol.
II.
trem.
Br.
espress.
Vcl.
K. B.

zu 3
Gr. Fl.
Hob.
zu 2
Klar. in A.
zu 2
Engl. H.
in F.
più f
ff
in F.
Hr.
in E.
più f
in E.
Baßkl. in A.
ff espress.
zu 2
Fag.
più f
Trp. I in F.
zu 2
f
più f
ff
Pos.
B.T.
Pk.
p cresc.
I.
Viol.
II.
Br.
Vcl.
K.B.
trem.

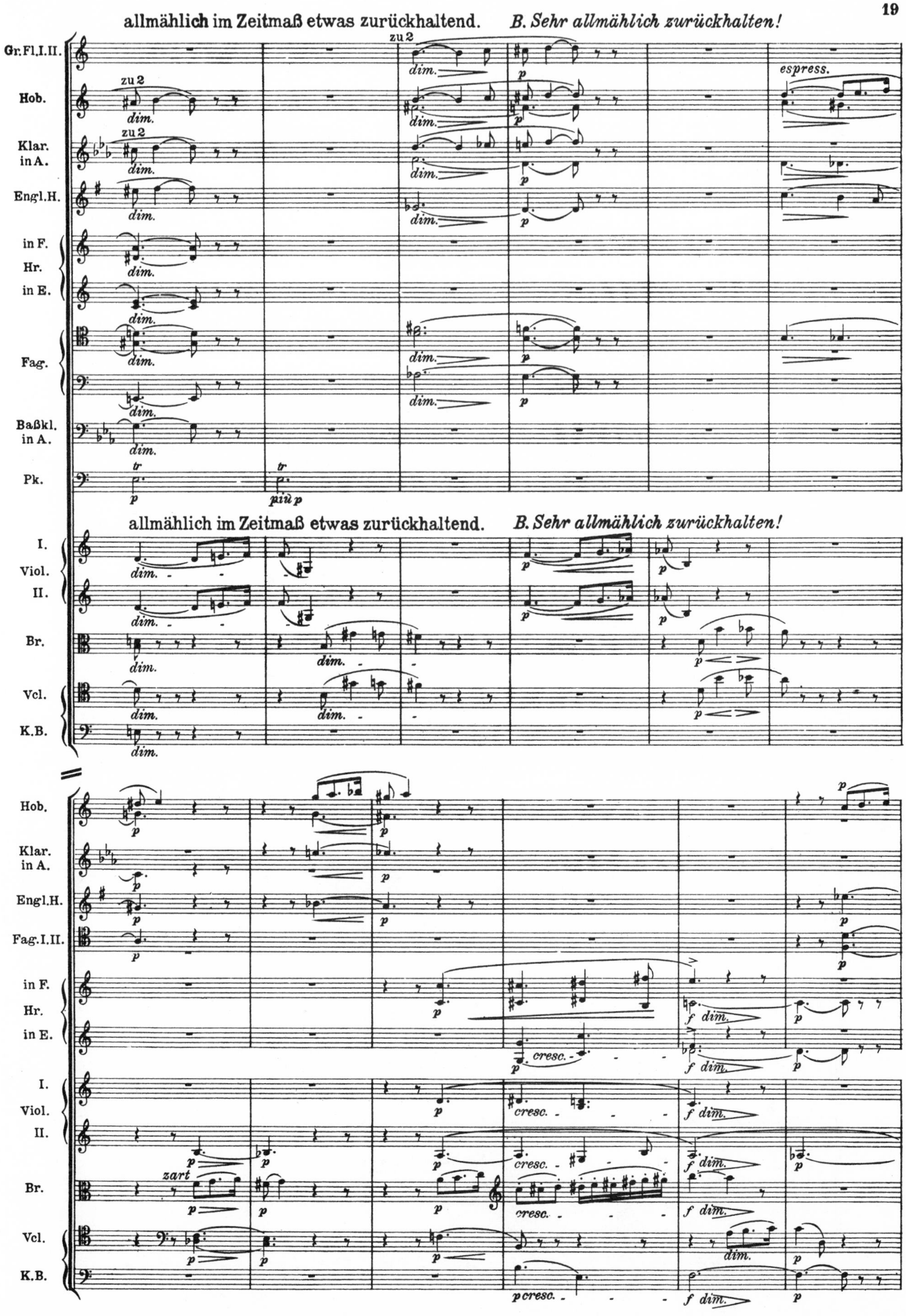
allmählich im Zeitmaß etwas zurückhaltend.
B. Sehr allmählich zurückhalten!
Gr.Fl.I.II.
Hob.
Klar. in A.
Engl.H.
in F.
Hr.
in E.
Fag.
Baßkl. in A.
Pk.
zu 2
dim.
p
espress.
tr
più p
allmählich im Zeitmaß etwas zurückhaltend.
B. Sehr allmählich zurückhalten!
I.
Viol.
II.
Br.
Vcl.
K.B.
Hob.
Klar. in A.
Engl.H.
Fag.I.II.
in F.
Hr.
in E.
I.
Viol.
II.
Br.
Vcl.
K.B.
zart
cresc.
f dim.
p cresc.

Hob.
Engl.H.
Fag. I.II.
Baßkl. in A.
Hr. II in F.
Pk.
I.
Viol.
II.
Br.
Vcl.
K.B.
cresc.
pizz.
Hob. I.
Klar. I in A.
Engl.H.
Baßkl. in A.
Fag I.II.
Pk.
Vcl.
K.B.
(Der Vorhang geht auf)
Bog.
pizz.

Erste Szene.

Zeltartiges Gemach auf dem Vorderdeck eines Seeschiffes, reich mit Teppichen behangen, beim Beginn nach dem Hintergrunde zu gänzlich geschlossen; zur Seite führt eine schmale Treppe in den Schiffsraum hinab. (Rechts vom Zuschauer.)

Isolde auf einem Ruhebett, das Gesicht in die Kissen gedrückt.— Brangäne, einen Teppich zurückgeschlagen haltend, blickt zur Seite über Bord. (Links im Hintergrund.)

Mäßig. B. Leichtes Tempo.
Fag. I. II.
Hr. III. IV. in Es.
I.
sind wir?
Brangäne.
B.
(an der Öffnung)
Blau-e Strei - fen
Mäßig. B. Leichtes Tempo.
Vcl.
(get.)
Br.
K.B.
Fag. I. II.
Hr. IV. in Es.
B.
stei - gen im O - sten auf; sanft und schnell se - gelt das Schiff: auf ru - hi-ger
Vcl.
Br.
K.B.
Klar. in B.
Fag. I. II.
Hr. III. IV. in Es.
Isolde.
I.
B. Nicht heftig und immer noch ohne Bewegung der Arme.
Wel-ches Land?
B.
See vor A - bend er - rei - chen wir si - cher das Land. Korn-walls grü - nen
Vcl.
Br.
K.B.

Schnell.
Hob.
Klar. in B.
Engl.H.
in F.
Hr.
in Es.
Fag.I.II.
Schnell.
I.
Viol.
II.
Br.
B. Aufspringend. (Verneinende Bewegung: ein Arm)
I.
Nim-mer-mehr! Nicht heut, noch mor - gen!
(läßt den Vorhang zufallen und eilt bestürzt zu Isolde).
B.
Strand.
Was hör ich! Her - rin! Ha!
Vcl. K.B.
zu 2
zu 3
cresc.
(wild vor sich hin).
B. Nach unten blickend
Entar - tet Ge-schlecht! Un-wert der Ah - nen!
Wohin, Mutter,

Hob.
Klar. in B.
Engl. H.
in F.
Hr.
in Es.
Fag.
I.
Viol.
II.
Br.
I.
Vcl.
K.B.
zu 2
cresc.
vergabst du die Macht ü-ber Meer und Sturm zu ge-bie-ten? O zah-me
Gr. Fl. I. II.
Kunst der Zau-ber-in, die nur Bal-sam-trän-ke noch braut!

Hob.
Klar. in B.
Engl. H.
in F. Hr. in Es.
Fag.
I. Viol. II.
Br.
I.
Vcl. K.B.

I.II. zu 2

(get.)

Er-wa-che mir wie - der, küh - ne Ge-walt; herauf aus dem Bu - -

Hob.
Klar. in B.
Engl. H.
in F. Hr. in Es.
Fag.
Trp. I. II. in F.
B.T.
Pk.
I. Viol. II.
Br.
I.
Vcl.
K.B.

zu 2

B. Schritte nach rückwärts

Mehr im Hintergrunde.
B. Große Gebärden, — große Bewegun-

sen, wo du dich bargst! Hört mei - nen Wil - - len,

Hob.
Klar. in B.
Engl. H.
in F.
Hr.
in Es.
Fag.
Trp. I. II. in F.
Pos.
B.T.
Pk.
I.
Viol.
II.
Br.
I.
Vcl.
K.B.
zu 2
zu 2
gen mit beiden Armen!
za - - gende Win - de! Her - an, zu Kampf und Wet - - ter-ge-tös! Zu

in F.
Hr.
in Es.
Fag.
I.
Viol.
II.
Br.
I.
to-ben-der Stür-me wü-ten-dem Wir-bel! Treibt aus dem Schlaf dies träu-men-de Meer,
Vcl.
K.B.
Hob.
zu 2
Klar. in B.
zu 2
in F.
Hr.
in Es.
cresc.
Fag. I. II.
zu 2
cresc.
I.
Viol.
II.
p cresc.
più f
Br.
I.
weckt aus dem Grund sei-ne grol-len-de Gier! Zeigt ihm die Beu-te, die ich ihm bie-te!
Vcl.
K.B.

Hob.
Klar. in B.
Trp. I.II in F.
in F.
Hr.
in Es.
Fag. I.II.
I.
Viol.
II.
Br.
I.
Vcl.
K.B.
zu 2
più f
Zerschlag — es dies trotzi-ge Schiff, des zer-schell - ten Trüm-mer ver-
Gr. Fl. I.II.
dim.
pizz.
schling's!
Und was auf ihm lebt, den we-henden A - tem,

Gr. Fl. I. II.
zu 2
Hob.
dim.
Klar. in B.
Engl. H.
Trp. I. II in F.
in F.
Hr.
in Es.
Fag.
Viol. I.
II.
Bog.
Br.
I.
den laß ich euch Win - den zum Lohn!
B. Droht zu sinken. Brangäne empfängt sie.
B. Isolde erschöpft in Brangänes Armen, ohne Bewegung, bis sie Brangäne von sich stoßend, wie schwankend auf das Ruhebett zugeht, an dem sie sich festhält. Von da aus spricht sie dann später, ohne sich zu rühren, die Worte: „Mir erkoren" ect.
Brangäne.
(im äußersten Schreck um Isolde sich bemühend)
B.
O weh! Ach! Ach des Ü-bels, das ich ge-
Vcl.
K. B.

Allmählich etwas
zu 2
Hob.
Engl.H.
in F.
Hr.
in Es.
zu 3
Fag.
cresc.
Allmählich etwas
I.
Viol.
II.
Br.
B.
ahnt! I - sol - de! Herrin! Teu - res Herz! Was bargst du mir so lang? Nicht ei - ne
Vcl.
K. B.
mäßiger im Zeitmaß.
Hob.
Klar. in B.
Hr. I. II in F.
Fag. I. II.
dim.
mäßiger im Zeitmaß.
pizz.
Bog.
B. Isolde teilnamslos vor sich starrend.
Trä - ne wein - test du Va - ter und Mut - ter; kaum ei - nen Gruß den Blei - benden bo - test du.

Gr.Fl.I.II.
Klar. in B.
Hr.I.II in F.
Fag.I.II.
I.
Viol.
II.
Br.
B.
Vcl. K.B.
zu 2
Von der Hei-mat schei - dend kalt und stumm, bleich und schwei - gend
Engl. H.
cresc.
B. Alles zu Isolde gekehrt.
auf der Fahrt; oh-ne Nah - rung, oh-ne

Belebend.
Hob.
Klar. in B.
Engl. H.
Hr. I. II in F.
Fag.
Belebend.
I.
Viol.
II.
Br.
B.
Schlaf; starr und e - lend, wild ver-stört:
Vcl. K. B.
Mäßiger.
Mäßiger.
pizz.
wie er - trug ich, so dich se - hend, nichts dir mehr zu sein, fremd vor dir zu

Hob.
Klar. in B.
Engl.H.
Fag.I.II.
I. Viol. II.
Bog.
Br.
B.
stehn? O nun mel - de, was dich müht! Sa - ge, kün - de,
Vcl. K.B.
Gr.Fl.I.II.
Hr.I.II in F.
Fag.
was dich quält! Her-rin I - sol - de, trau-teste Hol - de! Soll sie wert sich dir
dim.
cresc.

Heftig belebend.
Klar. in B.
Hr. III. IV in Es.
p dolce
Fag. I. II.
zu 2
Pk.
Heftig belebend.
I. Viol. II.
Br.
Isolde.
I.
Luft! Luft!
B.
wähnen, ver-trau-e nun Bran-gä-nen!
pizz.
Vcl.
Trp. I. II in F.
zu 2
in F. Hr. in Es.
Fag. I. II.
Pk.
I. Viol. II.
Br.
I.
Mir er-stickt das Herz! Öff-ne! Öff-ne dort weit!
(Brangäne zieht eilig die Vorhänge in der Mitte auseinander.)
Bog.
Vcl.
molto cresc.
K. B.
molto cresc.

Zweite Szene.

Man blickt dem Schiff entlang bis zum Steuerbord, über den Bord hinaus auf das Meer und den Horizont. Um den Hauptmast in der Mitte ist Seevolk, mit Tauen beschäftigt, gelagert: über sie hinaus gewahrt man am Steuerbord Ritter und Knappen, ebenfalls gelagert, von ihnen etwas entfernt Tristan, mit verschränkten Armen stehend, und sinnend in das Meer blickend; zu Füßen ihm, nachlässig gelagert, Kurwenal. Vom Maste her, aus der Höhe, vernimmt man wieder die Stimme des jungen Seemanns. *B.* Nachdem Brangäne die Vorhänge geöffnet hat, stellt sie sich an die Treppe, um nicht mit der Mannschaft verwechselt zu werden.

Engl.H.
Hob.
Klar. in B.
Baßkl. in B.
3 Trp. in F.
Pos.
Pk.
Viol. I.
Viol. II.
Br.
I.
Vcl.
K. B.
pp
meno p
cresc.
ff
p
tr
pizz.
f
(mit Dämpfer.)
trem.
(get.)
poco cresc.
cresc.
B. Stehend, mit einer Hand auf das Ruhebett gestützt.
B. Gebärde des Weihens, nicht des Fluchens, zu Tristan.
Mir er - koren, mir ver - lo - ren, hehr und heil, kühn und feig!
Tod geweihtes Haupt!
Kind!
(Dämpfer auf.)

Engl. H.
Hr. II in F.
Hob.
Klar. in B.
Baßkl. in B.
Trp. in F.
Pos.
Pk.
Viol. II.
Br.
B. Gebärde zu sich selbst.
Die Arme verschränkt über die Achsel.
B. In derselben Stellung, den Blick auf Tristan, zu Brangäne.
(unheimlich lachend.)
B. Bewegung des Kopfes.
I.
Tod geweihtes Herz! Was hältst du von dem Knechte?
dort den Helden,
B. Kommt sogleich näher.
(ihrem Blicke folgend.)
Brangäne.
B.
Wen meinst du?
(m. Dpf.)
Vcl.
(m. Dpf.)
pizz.
K. B.
Hr. II in F.
Viol. II.
Br.
I.
der meinem Blick den seinen birgt, in Scham und Scheue abwärts schaut? Sag, wie
Vcl.

B. Vorwärts im Zeitmaß.
Hob.
Klar. in B.
Engl. H.
Hr. I. II in F.
Fag. II. III.
zu 2
B. Vorwärts im Zeitmaß.
pizz.
Viol. I.
Viol. II.
Br.
I.
dünkt er dich?
B. Noch näher an Isolde.
B.
Frägst du nach Tri-stan, teu-re Frau? dem Wun-der al-ler Rei-che, dem
Vcl.
(get.)
K.B.
pizz.
Hob.
Klar. in B.
Engl. H.
Hr. I. II in F.
Fag.
zu 2
(ohne Dpf.)
Br.
(sie verhöhnend)
I.
Der
B.
hoch gepriesnen Mann? dem Hel-den oh-ne Glei-che, des Ruh-mes Hort und
(ohne Dpf.)
Vcl.

I. Viol. II.
(ohne Dpf.)
cresc.
Br.
B. Keine großen Bewegungen.
I.
za - gend vor dem Streiche sich flüch-tet wo er kann, weil ei - ne Braut er als — Lei - che
B.
Bann?
Vcl.
K.B.
Hob.
Klar. in B.
dim.
B. Brangäne mit fragender Gebärde.
B. Eine kleine Bewegung.
für sei-nen Herrn ge - wann! Dünkt es dich dun-kel, mein Gedicht? Frag ihn denn
(get.)
selbst, den freien Mann, ob mir zu nahn er wagt? der Eh-ren Gruß und zücht'ge Acht vergißt der Herrin der za-ge

Hob.
Engl.H.
Klar. in B.
zu 2
Fag.I.II.
Br.
Vcl.
cresc.
B. Isolde, die Ironie nur durch eine Kopf- nicht Arm-Bewegung andeutend.
(etwas gedehnt)
I.
Held, daß ihr Blick ihn nur nicht er-reiche, den Hel-den oh-ne Gleiche! — Oh, — er weiß wohl, war-
B. Nicht zu schnell; sie hat sich wieder etwas Brangänen genähert. Bewegung nur mit einem Arm.
um! Zu dem Stolzen geh, meld ihm der Herrin Wort! Meinem Dienst be-reit, schleunig soll er mir nahn.
Brangäne.
B.
Soll ich ihn

Hob.
Klar. in B.
Engl.H.
Fag.
Baßkl. in B.
I. Viol. II.
pizz.
Br.
B. Bewegung der Hand.
B. Vielleicht ohne Drohung, nur mit erhobener Hand.
I.
Be - feh - len ließ dem Ei-genhol-de Furcht der Herrin ich, I-
B.
bit-ten, dich zu grüßen?
Vcl.
K.B.
Gemächlich.
Hr. in F.
p doch kräftig
ten.
Fag.
Pk.
Gemächlich.
I. Viol. II.
Br.
B. Schiffsleute ziehen, immer mit dem dritten Viertel, ein Tau aus der Öffnung auf dem Verdeck nach oben.
I.
sol-de.
(Auf Isoldes gebieterischen Wink entfernt sich Brangäne, und schreitet verschämt dem Deck entlang dem Steuerbord zu, an den arbeitenden Seeleuten vorbei. Isolde, mit starrem Blicke ihr folgend, zieht sich rücklings nach dem Ruhebett zurück, wo sie sitzend während des Folgenden bleibt, das Auge unabgewandt nach dem Steuerbord gerichtet.) B. Mit Spannung horchend und nach Tristan blickend.
Vcl.
K.B.

Hr. in F.
Fag.
Pk.
I. Viol. II.
Br.
Vcl.
K.B.
poco cresc.
Trp. III in F.
(allein)
Pos.
cresc.
pizz.
Bog.
Kurwenal (der Brangäne kommen sieht, zupft, ohne sich zu erheben, Tristan am Gewande).
B. Die Schiffsarbeit ist beendet.
K.
Hab acht, Tri - stan! Botschaft von I-sol-de.

rallent.
Mäßig langsam. B. Nie schleppen, vorwärts.
Hob. I.
Hr. II in F.
Fag.
Trp. III in F.
Pos.
rallent.
Mäßig langsam. B. Nie schleppen, vorwärts.
Bog.
I.
Viol.
II.
Br.
(get.)
Tristan (auffahrend). (Er faßt sich schnell, als Brangäne vor ihm anlangt und sich verneigt.)
T.
Was ist? I-solde?
Von meiner Her-rin? Ihr ge-horsam, was zu hö-ren
Vcl.
(get.)
Bog.
K. B.
Klar. I in B.
Hob. II
I.
Fag.
II.
p espress.
Br.
Brangäne.
B. Mit einem Fuß auf den Stufen.
B.
Mein Her-re Tristan, euch zu se-hen wünscht I-
T.
meldet hö-fisch mir die trau-te Magd?
Vcl.

Klar. I in B.
Hob. II.
I.
Fag.
II.
Br.
B.
sol - de, meine Frau.
T.
Grämt sie die lan-ge Fahrt, die geht zu End; eh noch die Son-ne sinkt,
Vcl.
Klar. in B.
I.II.
Fag.
III.
Br.
B.
So mög Herr
T.
sind wir am Land. Was mei-ne Frau mir be - feh-le, treu-lich seis er - füllt.
Vcl.

Klar. in B.
Fag.
Br.
B.
T.
Vcl.
K.B.
I. Fag. II.III.
pizz.
Bog.
p
mf
dim.
Tri-stan zu ihr gehn: das ist der Her-rin Will.
Wo dort die grü-nen Flu-ren dem Blick noch
blau sich fär-ben, harrt mein Kö-nig mei-ner Frau: zu ihm sie zu ge-
lei-ten, bald nah ich mich der Lich-ten; kei-nem gönnt ich die-se Gunst.
Brangäne.
Mein Her-re Tri-stan, hö-re

Klar. in B.
Fag.
Br.
B.
Vcl. II.
cresc.
pizz.
wohl: dei-ne Dien-ste will die Frau, daß du zur Stell ihr nah-test, dort wo sie dei-ner
Hr. I. II in F.
Bog.
dim.
p dolce
harrt.
Tristan.
T.
Auf je - der Stel-le wo ich steh, ge-treu - lich dien ich ihr, der Frau-en höchster
Vcl.

Hr. I. II in F.
Br.
T.
Ehr; ließ ich das Steu-er jetzt zur Stund, wie lenkt ich si-cher den Kiel zu
Vcl.
dim.
Klar. in B.
Fag.
cresc.
acceler.
Brangäne.
B. Näher zu Tristan.
B.
Tri-stan, mein Her-re! Was höhnst du mich? Dünkt dich nicht deutlich
Kö-nig Markes Land?

Br.
p
sf
p cresc.
f
B.
die tör'-ge Magd, hör meiner Her-rin Wort! So hieß sie, sollt ich sa-gen: be -
Vcl.
Gedehnt.
Lebhaft, doch nicht zu schnell.
Hob.
Klar. in B.
Engl.H.
Fag. I. II.
Baßkl. in B.
(zus.) trem.
feh - len ließ dem Ei-gen-hol-de Furcht der Her-rin sie, I - sol - de.
Kurwenal.
(Kurwenal aufspringend)
K.
Darf ich die Ant-wort

Hob.
Hr. I. II. in F.
Fag.
Br.
T.
K.
Vcl.
K.B.
(get.) fp
pizz.
Bog.
dim.
tr
Tristan (ruhig)
Was wohl er - wi - dertest du?
sagen?
Das sa-ge sie der Frau I - sold!
Wer Korn-walls
zu 2
II.u.III.zus.
Kron und Eng-lands Erb an Ir-lands Maid ver-macht, der kann der Magd nicht ei-gen sein, die

Hob. zu 2 — Hr. I.II. in F. — Fag. I. — Trp. I.II. in F. — Br. (zus.) pizz. — K. — Vcl. (zus.) pizz. — K.B. (get.) pizz.

B. Kleine Bewegung der Ritter und Knappen.

K.: selbst dem Ohm er schenkt. Ein Herr der Welt, Tri - stan der Held! Ich

Hob. zu 2 — Hr. in F. — Fag. I.u.II. III. — Pk. — Viol. I. II. — Br. Bog. — K. — Vcl. Bog. — K.B. Bog.

Schneller.

(Da Tristan durch Gebärden ihm zu wehren sucht, und Brangäne entrüstet sich zum Weggehen wendet, singt Kurwenal der zögernd sich Entfernenden mit höchster Stärke nach:)

K.: ruf's: du sag's, und groll - ten mir tausend Frau I - sol - - den! „Herr

Hob.
Hr. in F.
ff
p
cresc.
f
Fag.
Viol.
I.
II.
pizz.
Br.
K.
Mo-rold zog zu Mee-re her, in Korn-wall Zins zu ha - ben; ein Ei-land schwimmt auf ö - dem Meer, da
Vcl.
K.B.
B. Sehr lebhaft.
II.u.III.
I.
sf
Baßkl. in B.
Viol. II.
Bog.
B. Die Mannschaft zuhörend.
liegt er nun be-gra - - ben! Sein Haupt doch hängt im I - renland, als Zins gezahlt von En-ge-land:

Noch etwas beschleunigend.
Hr. in F.
Fag.
Pos.
Noch etwas beschleunigend.
Viol. II.
Br.
pizz.
Bog.
cresc.
K.
hei! unser Held Tri-stan, wie der Zins zah-len kann!“
(Kurwenal, von Tristan fortgescholten, ist in den Schiffs-
Tenor I.
Tenor II.
Baß I.
Baß II.
Alle Männer
Sein Haupt doch hängt im I-ren-land, als
Vcl.
K.B.
pizz.
Bog.
I. Viol. II.
Br.
p cresc.
cresc.
raum hinabgestiegen; Brangäne, in Bestürzung zu Isolde zurückgekehrt, schließt hinter sich die Vorhänge, während die ganze Mannschaft außen sich hören läßt.)
B. Bei dem Gesange des Chores verbirgt Isolde ihr Antlitz.
Ten. I.
Ten. II.
Baß I.
Baß II.
Alle Männer
Zins gezahlt von En-ge-land: hei! unser Held Tri-stan, wie der Zins zah-len
Vcl.

Dritte Szene.

Isolde und Brangäne allein, bei vollkommen wieder geschlossenen Vorhängen.

zu 2
Hob.
Klar. in B.
Engl. H.
Hr. in F.
Fag. III.
Viol. I.
Viol. II.
Br.
B.
Brangäne.
Weh, ach we-he! dies zu dul-den!
(Isolde, dem furchtbarsten Ausbruche nahe, schnell sich zusammenraffend.)
Vcl.
K. B.
molto cresc.
cresc.
dim.
più f
Fag. I. II.
Isolde.
B. Sie faßt Brangäne bei der Hand, läßt sie aber gleich wieder los.
Doch nun von Tri-stan! Ge-nau will ich's ver-nehmen.
Frei sag's ohne
Ach, fra-ge nicht!

zu 2
Fag. I. II.
Viol. I.
Viol. II.
Br.
I.
B.
Vcl.
K. B.
p
cresc.
Furcht!
Doch als du deut-lich mahntest?
Mit höf'schen Wor-ten wich er aus.
Da ich zur Stell ihn zu dir
Hob.
Engl. H.
I. II. in F.
Hr. III. in F.
IV. in C.
I. p dolce
sf
mf
dim.
dolce
p dolce
tr
rief:
wo er auch steh, so sagte er, ge-treu - lich dien er ihr,
der Frau-en höchster

Etwas zurückhaltend.
Hob.
Engl. H.
zu 2
Fag. I. II.
I. II. in F.
Hr. III. in F.
IV. in C.
Etwas zurückhaltend.
Viol. I. II.
Br.
B. Isolde hört genau zu.
B.
Ehr; ließ er das Steu-er jetzt zur Stund, wie lenkt er si-cher den Kiel zu Kö-nig Mar-kes
Vcl.
Wieder sehr lebhaft.
Hob. I
Klar. in A.
(A)
Engl. H.
Hr. in F.
(in E)
III. u. IV. (F)
molto cresc.
Fag.
Wieder sehr lebhaft.
Viol. I. II.
molto cresc.
Br.
B. Keine Bewegung.
Isolde (schmerzlich bitter) (sehr gedehnt)
(grell und heftig)
I.
„Wie lenkt er si-cher den Kiel zu Kö-nig Markes Land“ — Den Zins ihm aus-zu-
B.
Land?
Vcl.
K.B.

Hob.
Klar. in A.
Engl.H.
in E. Hr. in F.
Fag.
I. Viol. II.
cresc.
pizz.
Bog.
Br.
I.
zah - len, den er aus Ir - land zog!
B.
Auf deine eig-nen Worte, als ich ihm die ent-
Vcl.
K.B.
bot, ließ seinen Die-ner Kurwenal —
Den hab ich wohl ver-nommen, kein Wort das mir ent-ging. — Er-

Gr. Fl. I. II.
Hob.
Klar. in A.
Engl. H.
in E.
Hr.
in F.
I. II.
Fag.
III.
Pos.
I.
Viol.
II.
Br.
I.
Vcl.
K. B.
f
più f
ff
p
sf
cresc.
stacc.
fuh - rest du mei-ne Schmach, nun hö - - - re, was sie mir

Sehr bewegt und wechselvoll im Zeitmaße.
Gr. Fl. I. II.
zu 2
f
dim.
Hob.
Klar. in A.
Engl. H.
in E.
Hr.
in F.
Fag.
p
Sehr bewegt und wechselvoll im Zeitmaße.
I.
Viol.
II.
Br.
B. Bewegung der Isolde.
I.
schuf.
Wie lachend sie mir Lie-der sin-gen, wohl
Vcl.
K. B.
poco rall.
Mäßiger.
Klar. in A.
Hr. I. II. in E.
Fag.
sehr weich
pizz.
Bog.
sf
B. Die ganze Stelle p und mit wenig Bewegungen.
könnt auch ich er-wi-dern!
Von ei-nem Kahn, der klein und arm an

Klar. in A.
Hr. I. II. in E.
Fag.
Viol. I. II.
Br.
I.
Vcl.

p *sehr weich* *più p*

Ir-lands Kü - sten schwamm, dar-in-nen krank ein sie - cher Mann e - lend — im Ster - ben

Gr. Fl.
Engl. H.
Klar. in A.
Hr. II. in E.
Fag.
Viol. I. II.
Br.
I.
Vcl.

p

lag. I-sol-des Kunst ward ihm be-kannt; mit Heil-Sal-ben und Bal-sam-saft der

riten.
a tempo
I.
Gr Fl.
II.
dim.
Klar. in A.
riten.
a tempo
I.
Viol.
II.
più p
Br.
B. Etwas geheimnisvoll; näher zu Brangäne.
immer belebter
I.
Wun - de, die ihn plag - te, ge-treu-lich pflag sie da. Der „Tan-tris" mit sorgender List sich
Vcl.
K.B.
Schneller.
zu 2
Gr.Fl.I.II.
Hob.
Klar. in A.
Hr. I.II. in E.
Fag. I.II.
Schneller.
I.
Viol.
II.
cresc.
Br.
schneller
I.
nannte, als Tri - stan I - sold ihn bald er - kann - te, da in des Müß' - gen Schwer - te
Vcl. K. B.

zu 2
B. Ruhig im Zeitmaß. Sehr deutlich.
Hob.
Hr. I. II. in E.
Fag. I. II.
p cresc.
I. Viol. II.
Br.
B. Ruhig im Zeitmaß. Sehr deutlich.
B. Brangäne immer
I.
ei-ne Scharte sie ge-wahr-te, darin ge-nau sich fügt' ein Split-ter, den einst im Haupt des I - ren -
Vcl. K. B.
Schnell.
zu 2
Hob.
Klar. in A.
in E. Hr. in F.
Fag.
ff
f
Schnell.
I. Viol. II.
Br.
eifrig zuhörend.
B. Große Bewegung der Isolde.
I.
Rit-ter, zum Hohn ihr heim-ge-sandt, mit kund'ger Hand sie fand.
Vcl. K. B.

zu 2
Hob.
Klar. in A.
Engl. H.
in E.
Hr.
in F.
Fag.
Baßkl. in B.
I.
Viol.
II.
Br.
I.
Vcl. K. B.
dim.
cresc.
ff
Da schrie's mir auf aus tief - stem Grund!
Mit dem hel - len
Gr. Fl. I. II.
f
Schwert ich vor ihm stund,
an ihm dem Ü - ber - fre - chen

poco rallent. ritenuto. Sehr mäßig.
Gr. Fl. I.
Hob.
Klar. in A.
Engl. H.
zu 2
in E.
Hr.
in F.
Fag.
poco rallent. ritenuto. Sehr mäßig.
I.
Viol.
II.
weich
Br.
I.
Herrn Mo - rolds Tod zu rä - chen. Von sei - nem La - ger
sehr zart
Vcl.
K. B.
p sehr weich
Fag. I.
weich
I.
Viol.
II.
Br.
I.
blickt' er her, nicht auf das Schwert, nicht auf die
Vcl.
K. B.

Sehr zurückhaltend.
Hob.
Klar. in A.
Engl.H.
Hr.III.IV. in F.
Fag.
p molto cresc.
ten.
ff
zu 2
Sehr zurückhaltend.
I. Viol. II.
Br.
Solo
sehr ausdrucksvoll und zart
B. Sehr weiche Bewegungen.
Hand, — er sah — mir in die Au - gen. Sei-nes E - len - des
Vcl.
get.
K.B.
pp
Langsam.
Mäßig.
sf dim.
pizz.
Bog.
p weich
Alle
cresc.
ff dim.
B. Sehr weich, auch in den Bewegungen.
jam - merte mich; — das Schwert — ich ließ es fal - len! Die Mo - rold schlug, die
p zart

Klar. I. in A.
Hr. I. II. in E.
Fag.
Viol. I. II.
Br.
I.
Vcl.
K.B.
p weich
sehr zart
pp
dolce
piu p
Bog.
Wun - de, sie heilt ich, daß er ge - sun - de, und heim nach Hau - se keh - re, –
Hob.
Klar. in A.
Engl. H.
in E. Hr. in F.
Schneller.
mit dem Blick mich nicht mehr be - schwe - re!

Immer noch beschleunigend.
Hob.
dim.
p
Klar. in A.
dim.
p
Engl. H.
dim.
in E.
Hr.
in F.
dim.
dim.
Fag.
dim.
p
dim.
p
Immer noch beschleunigend.
I.
Viol.
II.
p
cresc.
tr
Br.
p
cresc.
I.
Sein Lob hör - test du
Brangäne.
B.
O Wun - der! Wo hatt ich die Au - gen? Der Gast, den einst ich pfle - gen half?
zus.
Vcl.
p
cresc.
pizz.
K. B.
p
cresc.

zu 2
Gr. Fl. I. II.
Hob.
Klar. in A.
Engl. H.
Trp. I. II. in F.
in E.
Hr.
in F.
Fag.
I.
Viol.
II.
pizz.
Bog.
Br.
pizz.
Bog.
I.
e - ben: „Hei! un-ser Held Tri - stan" der
Vcl.
pizz.
Bog.
K. B.
Bog.

zu 2
Sehr feurig.
Gr. Fl. I. II.
Hob.
zu 2
Klar. in A.
zu 2
in B
Engl. H.
in E.
Hr.
in F.
molto cresc.
in F
Fag.
zu 2
Pos.
Sehr feurig.
pizz.
Bog.
molto cresc.
I.
Viol.
II.
menof
Br.
B Sehr heftige Bewegung.
I.
war je-ner traur'-ge Mann.
Er schwur mit
Vcl.
K. B.

Viol. I.
II.
Br.
I.
Vcl.
K.B.
meno f
dim.
p
cresc.
B. Ironisch.
tau - send Ei - den mir ew' - gen Dank und Treu - e!
Nun hör,
Gr.Fl.I.II.
Hob.
Hr.I.II. in F.
Fag.
zu 3
f
ff
B. Sehr deutlich im Tone einer erregten Erzählung, durchaus verschieden von dem früheren Ausruf.
wie ein Held Ei - de hält!

Baßkl. in B.
I.
Fag.
zu 2
II.III.
I.
Viol.
II.
Br.
I.
Den als Tan - tris un - er-kannt ich ent - las - sen, als Tri - stan
Vcl.
K.B.
Baßkl. in B.
I.
Fag.
zu 2
II.III.
I.
Viol.
II.
Br.
I.
kehrt er kühn zu - rück; auf stol - zem Schiff, von ho - hem
Vcl. K.B.

Etwas gedehnt.
Hob.
Klar. II. in B.
Engl. H.
Baßkl. in B
Fag.
Viol. I. II.
Br.
I.
Vcl. K.B.
Bord, Ir-lands Er-bin be-gehrt er zur Eh' für Korn-walls mü-den Kö-nig, für
gedehnt
pizz.
rallent. Schnell.
Fag. I.II.
Bog.
Vcl.
K.B.
Mar-ke, sei-nen Ohm. Da Mo-rold leb-te, wer hätt es ge-

Hob.
Klar. in B.
Engl. H.
Hr. I. II. in F.
Baßkl. in B.
Fag.
I. Viol. II.
Br.
I.
Vcl.
K.B.
cresc.
wagt uns je sol-che Schmach zu bie-ten? Für der zins-pflicht'gen Kor-nen Fürsten um
poco rallent.
dim.
pizz.
B. Klagende Gebärde.
Ir-lands Kro-ne zu wer-ben! Ach, we-he mir! Ich ja

Mäßig.
Belebt.
Hob.
Engl. H.
Hr. I. II. in F.
Fag. I. II.
Baßkl. in B.
Viol. I. II.
Br.
I.
war's, die heim - lich selbst die Schmach sich schuf! Das rä-chen-de Schwert,
Vcl.
K. B.
molto ritenuto
noch mehr zurückhaltend
Gr. Fl. I. II.
Klar. in B.
Hr. in F. in E.
Fag.
B. Nicht zu stark.
B. Ohne Akzent, vornehm.
statt es zu schwingen, macht-los ließ ich's fal-len! Nun dien ich dem Va-

Wieder schnell.
Gr. Fl. I. II.
Hob.
Klar. in B.
Engl. H.
in F.
Hr.
in E.
Baßkl. in B.
Fag.
Pos.
zu 2
ff
meno f
più
molto cresc.
f
Wieder schnell.
I.
Viol.
II.
Bog.
Br.
I.
sal-len!
Brangäne
B.
B. Näher zu Isolde.
Da Frie-de, Sühn und Freund-schaft von
Vcl.
K.B.

Hob.
Klar. in B.
Engl. H.
in F.
Hr.
in E.
Baßkl. in B.
Fag.
I.
Viol.
II.
Br.
B.
Vcl.
K.B.
f
fp
molto cresc.
dim.
p
pizz.
al - - - - - - len ward be - schwo-ren, wir freu - ten uns all des
Hob.
Klar. in B.
Engl. H.
Baßkl. in B.
Fag.
Pos. II. III.
B.T.
I.
Viol.
II.
Br.
B.
Vcl.
K.B.
zu 2
I. II.
zu 3
Bog.
pizz.
Tags; wie ahn-te mir da, daß dir es Kum - mer schüf?
B. Isolde heftig, aber nicht

zu 2 accelerando
Hob.
p molto cresc.
Klar. in B.
p molto cresc.
Engl. H.
p molto cresc.
in F.
Hr.
in E.
p molto cresc.
Baßkl. in B.
p molto cresc.
zu 3
Fag.
Pos. II. III.
cresc.
B. T.
cresc.
accelerando
I.
Viol.
II.
molto cresc.
Br.
p molto cresc.
Isolde
I.
O blin - - de Au - gen! Blö - - de
direkt zu Brangäne. — Brangäne entfernt sich nicht von Isolde.
Vcl.
molto cresc.
K. B.
molto cresc.

Hob.
Klar. in B.
(in A)
Engl. H.
Hr. I. II. in F.
Fag.
Baßkl. in B.
I. Viol. II.
Br.
B. Zu sich selbst.
Her - zen! Zah - mer Mut, ver-zag - tes Schweigen! Wie an-ders prahlte
Vcl.
K. B.
Mäßiger.
Hr. III. IV. in E.
Tri-stan aus, was ich verschlossen hielt! Die schwei - gend ihm das Le - ben gab, vor
pp dolce

Hob. I.
Hr. III. IV. in E.
Fag.
Viol. I.
Viol. II.
Br.
I.
Vcl.
K. B.
pp
p dolce
pizz.
dolce
(steigernd.)
Fein - des Ra - che ihn schwei - gend barg; was stumm ihr Schutz zum Heil ihm
Schnell.
accelerando
Gr. Fl. I. II.
Hob.
Klar. in A.
Engl. H.
Trp. I. II. in E.
zu 2
cresc.
(in A)
Bog.
B. Heftige, kurze Bewegung.
schuf, mit ihr gab er es preis!

Kl. Fl.
Gr. Fl. I. II.
zu 2
Hob.
Klar. in A.
Engl. H.
in E.
Trp.
in C.
in F.
Hr.
in E.
Fag.
I.
Viol.
II.
get.
Bog.
Br.
I.
Wie sieg - pran-gend heil und hehr,
Vcl.
K. B.

Etwas mäßiger.
Kl.Fl.
Gr.Fl.I.II.
Hob.
Klar. in A.
Engl.H.
Trp.III. in C.
in F.
Hr.
in E.
Fag.
Etwas mäßiger.
I.
Viol.
II.
Br.
I.
laut und hell wies er auf mich:
Vcl.
K.B.
fp
f
p
dim.
cresc.
pizz.

B. Nicht zu breit.
Wenig zurückhaltend.
Noch mäßiger.
Hob. I.
Klar. I. in A.
Hr. III. IV. in E.
Fag.
Viol. I.
Viol. II.
Br.
I.
Vcl.
p dolce
piu p
Bog.
„Das wär — ein Schatz, — mein Herr und Ohm; wie dünkt euch die zur Eh?
Belebend.
Hr III. in E.
pizz.
cresc.
Die schmu - cke I - rin hol ich her; mit Steg und We - gen wohl - bekannt, ein

Immer belebter.
Hob.
zu 2
cresc.
più f
Klar. in A.
zu 2
cresc.
più f
Engl.H.
cresc.
Trp. I. II. in E.
3
in F.
Hr.
in E.
cresc.
I. II.
I.
cresc.
più f
Fag.
III.
II. III.
cresc.
più f
Baßkl. in B.
cresc.
Immer belebter.
I.
Viol.
II.
3
cresc.
tr
5
Bog.
cresc.
Br.
cresc.
I.
Wink, ich flieg nach I - ren-land; I - sol - de, die ist eu - - er!
Vcl.
cresc.
K.B.
Bog.
cresc.

poco riten.
accelerando
Sehr schnell.
Kl. Fl.
Gr. Fl. I. II.
Hob.
Klar. in A
Engl. H.
Trp. I. II. in E.
in F.
Hr.
in E.
Fag.
Baßkl. in B.
Pos.
accelerando
poco riten.
Sehr schnell.
I.
Viol.
II.
Br.
B. Leichte heftige Bewegung, aber nicht großartig! Ist noch Zitat von Tristan. Auch die Geste muß gleichsam die von Tristan gedachte sein!
B. Isolde nach rückwärts gewendet, bricht in volle Wut aus.
Große Bewegungen.
I.
mir lacht das A - ben - teu-er!“
Vcl.
K. B.

Gr. Fl. I. II.
Hob.
Klar. in A.
Engl. H.
Fag.
Trp. I. II. in F.
in F. Hr. in E.
Pos.
I. Viol. II.
Br.
I.
Vcl. K.B.
zu 2
zu 3
ff
Fluch dir, — Ver - ruch - ter!
zu 3
B. Isolde tritt etwas weiter nach vorne.
Fluch dei - nem Haupt!

Gr.Fl.I.II.
Hob.
Klar. in A
nach B.
Engl.H.
Fag.
Trp.I.II. in F.
in F.
Hr.
in E.
Pos.
Pk.
I.
Viol.
II.
Br.
I.
Ra - che!
Tod!
Tod uns
Vcl.
K.B.

Engl.H.
zu 2
in F.
Hr.
in E.
Fag.
Pos.
I.
Viol.
II.
Br.
I.
bei - den!
Brangäne (mit ungestümer Zärtlichkeit sich auf Isolde stürzend.)
B.
O Sü - - ße! Trau - - te! Teu - - re!
Vcl.
K.B.
Hob.
I.II.
II.III.
III.
Hol - de! Gold - ne Her - rin!

Hob.
Engl.H.
in F.
Hr.
in E.
Fag.
Pos.
I.
Viol.
II.
Br.
B.
Vcl.
K.B.
zu 2
ff
decresc. poco a poco
dim.
Lieb I - sol - de! (Sie zieht Isolde allmählich nach dem Ruhebett.)
Hör mich!
Klar. in B.
in B.
Kom - me!
Setz dich her!
nach Es.
p
Viol. I.

Immer noch sehr bewegt.
Klar. in B.
Engl. H.
Hr. III.IV. in Es.
Fag.
Immer noch sehr bewegt.
I.
Viol.
II.
Br.
B. Hier setzt sich Isolde.
B. Bei Brangänens Rede ist Isolde wieder ganz erschöpft, sie hat nur die eine Bewegung des Abwendens und bleibt düster und teilnahmlos.
B.
Wel - cher Wahn! Welch eit - les Zür - nen! wie
Vcl.
K.B.
Hr. III.IV. in Es.
I.
Viol.
II.
Br.
B.
magst du dich be - tö - - ren, nicht hell zu sehn noch hö - ren? Was je Herr Tri - stan
Vcl.
pizz.
K.B.

Hr. III.IV. in Es.
I.
Viol.
II.
Br.
B.
B. Zeit lassen.
dir ver - dank - te, sag, konnt er's hö - her loh - - nen, als mit der herr - lich-sten der
Vcl.
K.B.
Bog.
Hob. I.
Hr. I. in F.
Fag. I.
I.
Viol.
II.
Br.
B.
Kro - nen? So dient' er treu dem ed - len Ohm; dir gab er der
Vcl.
K. B.

Hob. I.
Klar. in B.
Hr. I. in F.
Fag. I. II.
Viol. I. II.
Br.
B.
Vcl.
K. B.
dolce
B. ruhig.
Welt be-gehr-lich-sten Lohn: dem eig-nen Er-be, echt und e-del, ent-sagt'
pizz.
Bog.
Hob.
Klar. in B.
Engl. H.
Hr. I. II. in F.
Fag. I. II.
cresc.
zu 2
er zu dei-nen Fü-ßen, als Kö-ni-gin dich zu grü-ßen!

zu 2
Hob.
Klar. in B.
Engl. H.
Fag. I.
Hr. I. II. in F.
I. Viol. II.
Br.
B.
Vcl.
K. B.
dim.
I.
p
(Isolde wendet sich ab.)
B. Immer sehr fließend.
Und warb er Mar - ke dir zum Ge-
Hob. I.
Fag. I.
ausdrucksvoll
mahl, wie woll-test du die Wahl doch schel - ten, muß er nicht wert dir gel - ten?

Hob. I.
ausdrucksvoll
Baßkl. in B.
cresc.
Viol. I. II.
Br.
p dolce
B.
Von ed - - ler Art und mildem Mut, wer gli - che dem Mann
Vcl.
pizz.
Hob. I.
Klar. II. in B.
Hr. I. II. in F.
Fag. I. II.
Baßkl. in B.
dim.
Viol. I. II.
Br.
B.
an Macht und Glanz? Dem ein hehr - ster Held so treu - lich dient,
Vcl.
pizz.
Bog.
K. B.
pizz.
Bog.

Gr. Fl. I.
Hob. I.
Klar. in B.
Hr. I.II. in F.
Fag.
I. Viol. II.
Br.
B.
Vcl. K. B.
cresc.
pizz.
Bog.
wer möch - te sein Glück nicht tei - - - len, als
Gr. Fl. I.
Hob.
Klar. in B.
Engl. H.
Hr. I.II. in F.
Fag. I.II.
Pos.
I. Viol. II.
Br.
B.
Vcl. K. B.
cresc.
dim.
Gat - - - - - - - tin bei ihm wei - - - len?

Hob.
Engl. H.
Hr. I. II. in F.
Fag. I. II.
Pos.
Viol. I. II.
Br.
Isolde (starr vor sich hinblickend).
Un- - - ge-minnt den hehr- - sten Mann stets mir nah zu se-
Vcl. K. B.
cresc.
Klar. in B.
Baßkl. in B.
Fag.
hen! Brangäne.
wie könnt ich die Qual be-ste-hen?
Was meinst du Ar-ge?
get.

(𝅗𝅥. = 𝅗𝅥)
Gr. Fl. I. II.
Klar. in B.
Baßkl. in B.
Fag. I.
Viol. I.
II.
Br.
B.
Vcl.
p dolce
p dolc
p
(sie nähert sich schmeichelnd und kosend Isolden.)
Un- - ge-minnt?
ausdrucksvoll
Gr. Fl. I.
Hob. I.
Klar. I. in B.
Fag. I. II.
B. Wie verklärt Isolde anblickend.
Wo leb - te der Mann, der dich nicht lieb - te? der I - sol - - den säh, und in I -

Gr.Fl. I.
Hob. I.
Klar. I. in B.
Engl. H.
Fag. I.
Baßkl. in B.
I. Viol. II.
Br.
B.
sol - den se - lig nicht ganz ver - ging? Doch, der dir er-
Vcl.
K. B.
p dolce
p sehr weich
pizz.
dim.
Hob. I.
Klar. I. in B.
Engl. H.
Fag. I.
I. Viol. II.
Br.
B.
ko - ren, wär er so kalt, zög ihn von dir ein Zau - ber
Vcl.
K. B.
pizz.
Bog.

Gr.Fl.I.
Hob.
Klar. in B.
Engl.H.
in F.
Hr.
in Es.
Fag.
Baßkl. in B.
Pk.
I.
Viol.
II.
Br.
B.
Vcl.
K.B.
pp
poco a poco cresc.
p
più p
dim.
pcresc.
tr
pizz.
ab: den bö - sen wüßt ich bald zu bin - - - - - den, ihn

(♩. = 𝅗𝅥.)
Gr.Fl. I.
Hob.
I.
Klar.
in B.
Engl.H.
in F.
Hr
in Es.
cresc.
Fag.
Baßkl.
in B.
Pk.
I.
Viol.
II.
Br.
B. Hier erst eine Bewegung.
(mit geheimnisvoller Zutraulichkeit
ganz nah zu Isolden.)
B.
bann - - te der Min - - ne
Macht.
Vcl.
dim.
più p
pizz.
Bog.
K. B.

Hob.
Klar. in B.
Engl. H.
Fag. I. II.
B.
pp
p
I.
Kennst du der Mut - ter Kün - ste nicht?
Wähnst du, die al - les klug er - wägt, —
Fag. I.
oh - ne Rat in fremdes Land hätt sie mit dir mich ent - sandt?
Pk.
Etwas langsamer.
Pos.
I.
Isolde.
(düster)
Der Mut - ter Rat gemahnt mich recht;
will-kom - men preis ich ih - re

Hob.
Klar. in B.
Engl. H.
Baßkl. in B.
3 Trp. in F.
3 Pos.
Pk.
I. Viol. II.
Br.
I.
Vcl.
K. B.

p cresc. f più p pp tr pizz.

B. Ernst

Kunst: Ra-che für den Ver-rat, Ruh in der Not dem Herzen! Den

Hob. I.
Klar. I. in B.
Fag. I. II.
Pk.
I. Viol. II.
Br.
I.
B.
Vcl.

Etwas belebend.

Etwas belebend.

p poco (alles auf dem G)

und mit größter Ruhe.

Schrein dort bring mir her!

Brangäne.

B. Brangäne geht.

Er birgt, was heil dir frommt.

(sie holt eine kleine goldne

Gr. Fl. I.
Hob.
cresc.
Klar. I. in B.
Fag. I. II.
Hr. IV. in C.
più p
I. Viol. II.
poco cresc.
Br.
B.
Truhe herbei, öffnet sie, und deutet auf ihren Inhalt.)
So reih-te sie die Mut-ter, die mächt-gen Zau-
Vcl.
pizz.
dolce
K. B.
Gr. Fl. I. II.
zu 2
Hob.
Klar. in B.
Engl. H.
Hr. IV. in C.
II. in F.
Fag.
Baßkl. in B.
Pk.
I. Viol. II.
Br.
B.
-ber-tränke.
Für Weh und Wun-den Bal-sam hier;
für bö-se Gif-te Ge-gen-
Vcl.

a tempo (Mäßig.)
rallent.
Hob. I.
Klar. in B.
Hr. I. in F.
Baßkl. in B.
p dolce
molto rallent.
(Eine allein)
(die übrigen)
Br.
B.
(sie zieht ein Fläschchen hervor.)
Gift. B. Isolde bleibt ganz ruhig.
Den hehr - sten Trank, ich halt ihn
B. Erst hier den
Vcl.
(get.)
Hob.
Klar. in B.
Engl. H.
Hr. I. II. in F.
Fag.
Baßkl. in B.
Pos.
B. T.
Viol. I. II.
Br.
I.
B.
Vcl. K. B.
più p
zu 3
trem.
(alle)
cresc. poco
Isolde. B. Ruhig, einfach, feierlich.
Du irrst, ich kenn ihn bes-ser; ein star-kes Zei-chen schnitt ich ihm ein.
B.* Variante
* grub
Trank heben.
hier.
Bog.

Schnell.
Hob.
Klar. in B.
Engl. H.
Hr. in F.
Fag.
Baßkl. in B.
Pos.
B. T.
Pk.
Viol. I.
Viol. II.
Br.
I.
B.
Vcl. K. B.
cresc.
più f
ff
zu 2
zu 3
zu 4
4 Hr.
I. II.
II. u. III.
III.
p cresc.
pizz.
Bog.
a poco
(sie ergreift ein Fläschchen und zeigt es.)
B. Mit dem Blicke, nicht mit der Hand suchen.
Aufstehend.
Der Trank ist's, der mir taugt!
(sie hat sich vom Ruhebett erhoben,
Brangäne.
(sie weicht entsetzt zurück.)
Der To - destrank!
get.
und vernimmt mit wachsendem Schrecken den Ruf des Schiffsvolkes.)
Tenöre.
Ten. I.
Ho! he! ha! he! ho! he! ha! he!
Ten. II.
ho!
Am
Schiffsvolk (außen.)
Bässe.
Baß I.
Am Un-ter-mast die Segel ein!
Baß II.
Ho! he!

zu 2
Gr. Fl. I. II.
Hob.
Klar. in B.
Trp. I. II. in F.
Hr. III. IV. in F.
Fag.
Viol. I.
II.
Br.
più f
Isolde
I.
Das deu - tet schnelle Fahrt!
Weh mir! Na - he das
Ten. I.
he! ho!
Ten. II.
Untermast die Segelein!
Baß I.
Ho! he! ha! he!
Baß II.
ha! he! ho! he! ha! he!
Vcl. K. B.

Vierte Szene.

Durch die Vorhänge tritt mit Ungestüm Kurwenal herein.

zu 2.
Gr. Fl. I. II.
Hob.
Klar. in B.
Trp. I. II. in F.
Hr. in F.
Fag.
I. Viol. II.
Br.
K.
Vcl. K. B.
dim.
cresc.
B. Hier wendet er sich zu Isolde. (gemessener.)
Frisch und froh! Rasch ge-rü-stet! Fer-tig nun, hurtig und flink!
Und
Frau I - - - - sol - den sollt ich sa-gen von Held Tri-stan, mei - nem
Vcl.
K. B.

Gr. Fl. I.
Hob.
Klar. in B.
Viol. I.
Viol. II.
Br.
K.
Vcl.
p dolce
un poco cresc.
Herrn: Vom Mast der Freu - de Flag - ge, sie we - he
lu - stig ins Land; in Mar - kes Kö - nig-
poco cresc.

I.
Gr. Fl.
II.
Hob.
Klar. in B.
Trp. II. III. in C.
Hr. in F.
Fag.
I.
Viol.
II.
Br.
K.
schlos - se mach sie ihr Nahn be - kannt.
Vcl.
K.B.
cresc.
più cresc.
(a. d. G)

zu 2
Gr. Fl. I. II.
Hob.
Klar. in B.
Engl. H.
Trp. III. in C.
Hr. in F.
Fag.
I.
Viol.
II.
Br.
K.
Drum Frau I - sol - de bät er ei - len, fürs Land sich zu be-rei -
Vcl.
K.B.

zu 2
Gr. Fl I. II.
Hob.
Klar. in B.
Engl H.
Trp. III. in C.
Hr. in F
Fag.
Pk.
I.
Viol.
II.
Br.
K.
Vcl.
K.B.
ten, daß er sie könnt ge - lei - - ten.

zu 2
Mäßig. (♩= 𝅗𝅥.)
Gr. Fl. I. II.
Hob.
Klar. in B.
Engl. H.
Trp. III. in C.
Hr. in F.
Fag.
Pos.
Pk.
Mäßig.
trem.
I. Viol. II.
Br.
Isolde.
(Nachdem sie zuerst bei der Meldung in Schauer zusammengefahren, gefaßt und mit Würde.)
B. Während
I.
Herrn Tri-stan bringe meinen
Vcl.
K. B.

Engl. H.
Fag.
Pos.
I.
Viol.
II.
Br.
dieser ganzen Szene hat Isolde allzugroße Gebärden zu vermeiden;
sie ist Königin und spricht zu einem Untergebenen.
I.
Gruß, und meld ihm was ich sa - ge. Sollt ich zur Seit ihm ge - hen, vor Kö - nig Marke zu
Vcl.
K.B.
dim.
Engl. H.
Fag.
II.
Pos.
III.
I.
Viol.
II.
Br.
trem.
dim.
I.
ste - hen, nicht möcht es nach Zucht und Fug geschehn, emp - fing ich Süh - ne nicht zu - vor für un - gesühnte
Vcl.
K.B.
dim.

ten.
Hob. I.
Engl. H.
Fag. I. II.
Pos.
I.
Viol.
II.
Br.
(Kurwenal macht eine trotzige Gebärde.)
(mit
Schuld: —
drum such er mei-ne
Huld.
Du
pizz.
Bog
Vcl.
K. B.
B. Etwas beeilen.
zu 2
Hob.
Engl. H.
Hr. I. II. in F.
Fag.
Pos.
dim.
Steigerung)
B. einen Schritt näher an Kurwenal.
mer-ke wohl,
und meld es
gut!
Nicht woll ich mich be - rei - ten, ans
Vcl. K. B.

B Wieder ruhiger.
zu 2
Hob.
Engl. H.
Hr. I. II. in F.
Fag.
Pos.
B. Wieder ruhiger.
I.
Viol.
II.
Br.
I.
(sich mäßigend)
Land ihn zu be-glei-ten; nicht werd ich zur Seit ihm ge - hen, vor Kö - nig Mar-ke zu
Vcl.
K.B.
ste - hen; be - gehr-te Ver-ges-sen und Ver - ge - ben nach Zucht und Fug er nicht zu -

Hob.
Engl.H.
Klar. in B.
Baßkl. in B.
Fag.
I. Trp. in F. II.III.
Pos.
Pk.
I. Viol. II.
Br.
B. Mit einer gnädigen Handbewegung.
I.
vor für un-ge-büß-te Schuld: — die böt ihm meine Huld.
Kurwenal.
K.
Si-cher wißt, das
Vcl.
K.B.

side 3
Sehr bewegt.
I.
Viol.
II.
Br.
molto cresc.
(Isolde eilt auf Brangäne zu und umarmt sie heftig.)
B. Isolde geht mit Ruhe zur Seite; von da aus eilt sie zu Brangäne, welche am Fußende des Ruhebetts steht.
K.
sag ich ihm; nun harrt, wie er mich hört!
(Er geht schnell zurück.)
Vcl.
K.B.
zu 2
Gr. Fl. I. II.
Hob.
Klar. in B.
Hr. in F.
Fag.
Pos.
dim.
Isolde.
Nun leb wohl, Brangäne! Grüß mir die

zu 2
poco riten.
Schnell.
Gr. Fl. I. II.
Hob.
Klar. in B.
Hr. in F.
Fag.
Pos.
I.
Viol.
II.
Br
I.
B.
Vcl.
K. B.
dim.
pizz.
Bog.
B. Von da ab, wo Isolde den Todesentschluß gefaßt hat, muß eine erhabene Ruhe in ihr erkennbar sein;
Welt, grü - ße mir Va - ter und Mutter!
Brangäne.
Was ist? Was sinnst du? Wolltest du

Mäßig und zurückhaltend.
Engl. H.
Baßkl. in B.
Fag.
Pk.
Viol. I.
Viol. II.
Br.
I.
B.
Vcl.
K. B.
zu 3
I (allein)
trem.
f dim.
più p
pp
nur bei Brangänes Weigerung wird sie mit den Worten: „Schone du mich," heftig.
(Isolde faßt sich schnell.)
Hör - test du
fliehn? Wo-hin soll ich dir fol-gen?
pizz.
Bog.
Hob.
Klar. in B.
Pos.
zu 2
nicht? Hier bleib ich, Tri - stan will ich er - war - ten. Ge - treu be-folg was ich be -

zu 2
Hob.
p
cresc.
zu 2
Klar in B.
cresc.
Engl.H.
Hr. I. II. in F.
zu 2
Fag.
Baßkl. in B.
zu 2
Pos.
I.
Viol.
II.
Br.
(sie entnimmt dem Schrein das Fläschchen.)
I.
fehl, den Süh - ne-trank rü - ste schnell; du weißt, den ich dir wies?
Brangäne.
B.
Und wel-chen Trank?
pizz.
Bog.
Vcl.
K.B.

Schnell.
Hob.
ff
dim.
p
Klar. in B.
Engl. H.
Hr. I. II. in F.
Fag.
f
Baßkl. in B.
Pos.
Pk.
tr
più p
Viol.
I.
II.
Br.
B. Sehr ruhig und gleichmäßig.
Die - sen Trank! In die gold-ne Scha-le gieß ihn aus; ge-füllt faßt sie ihn ganz.
Vcl.
K.B.

Gr. Fl. I. II.
Hob.
Klar. in B.
Engl. H.
Hr. I. II. in F.
Fag.
Pos.
I.
Viol.
II.
Br.
I.
B.
Vcl.
K. B.
f
dim.
f dim.
più f
ff
B. Alles ernst und gefaßt.
Sei du mir treu!
Brangäne.
(Brangäne voll Grausen das Fläschchen empfangend.)
Trau ich dem Sinn?
Der Trank — für

Hob.
Klar. in B.
Engl. H.
Hr. III. IV. in F.
Fag.
Pos.
dim.
I. Viol. II.
Br.
cresc.
I.
Wer mich be - trog.
Trin - ke mir Süh - - - ne!
B.
wen?
Tri - - - stan?
Vcl.
K. B.
Hr. in F.
(zu Isoldes Füßen stürzend)
Brangäne
Ent-set - zen!
Scho - ne mich Ar - me!

Gr. Fl. I. II.
Hob.
Klar. in B.
Engl. H.
Hr. in F.
Fag.
Baßkl. in B.
Viol.
I.
II.
Br.
Isolde (sehr heftig)
I.
Scho - ne du mich, un - treue Magd!
Kennst du der
Vcl.
K.B.
f
più f
ff
p
pizz.
Bog.

Allmählich etwas zurückhaltend.
Gr. Fl. I. II.
Hob.
Klar. in B.
Engl. H.
Fag. I. II.
I.
dim.
p
pp
Mut-ter Kün-ste nicht? Wähnst du, die al-les klug er-wägt, oh-ne Rat in fremdes
Fag. I.
Baßkl. in B.
Pk.
Viol. II.
Br.
più p
pizz.
B. Ohne Ausdruck, einfach
(ruhig)
Land hätt sie mit dir mich ent-sandt? Für Weh und Wunden gab sie Bal-sam,

Gedehnt und langsam.

zu 2

Hob.

Engl. H.

Klar. in B.

Baßkl. in B.

Fag. I.

zu 3

pp p cresc. cresc.

trem. Gedehnt und langsam.

I. Viol. II.

Br.

Bog. trem. Bog. trem.

pp p cresc. cresc. cresc.

I.

für bö - se Gif - te Ge - gen - Gift: — für tief - stes Weh, — für höch - stes

Vcl. K.B.

pizz. Bog.

pp p cresc.

Wieder bewegter. rallent.

Hob.

Engl. H.

Klar. in B.

Baßkl. in B.

Fag.

Trp. in F.

Pos.

Pk.

f ff p più p pp tr

Wieder bewegter. rallent.

I. Viol. II.

Br.

I.

Leid gab — sie den To - - des-trank. Der Tod nun sag' ihr Dank!

Vcl. K.B.

f

Langsam.
poco accelerando
Hob. I.
Engl. H.
Baßkl. in B.
Fag. I.
Pk.
Langsam.
poco accelerando
I. Viol. II.
Br.
B. Hier muß Isolde ziemlich weit, vom Zuschauer aus, nach rechts kommen, damit sie Raum für ihre Pantomime hat. Sie kann sich zuerst nach rechts wenden, um von da aus, wo sie sich zur Entscheidung zusammenfaßt, den Weg zum Ruhebett zu nehmen.
B. eindringlich
I.
Ge-horchst du mir nun?
Brangäne (kaum ihrer mächtig)
B.
O tief-stes Weh! O höch-stes
Vcl. K. B.
molto accelerando
Lebhaft.
Hob.
Klar. in B.
Engl. H.
Hr. in F.
Baßkl. in B.
Fag. I. II.
Trp. I. II. in F.
Pk.
molto accelerando
Lebhaft.
I. Viol. II.
Br.
I.
Bist du mir treu?
B.
Leid! Der Trank?
Kurwenal (eintretend).
K.
Herr Tri-stan!
(Brangäne erhebt sich erschrocken und
Vcl.
K. B.

Etwas zurückhaltend.
Hob.
Klar. in B.
Engl. H.
Trp. I. II. in F.
Hr. in F.
Fag.
Pk.
ff
più f
f
Etwas zurückhaltend.
I.
Viol.
II.
Br.
dim.
p
più p
I.
(zu Kurwenal)
verwirrt. Isolde sucht mit furchtbarer Anstrengung sich zu fassen.)
Herr Tri-stan
Vcl.
K. B.

Fünfte Szene.

Kurwenal geht wieder zurück. **Brangäne**, kaum ihrer mächtig, wendet sich in den Hintergrund. **Isolde**, ihr ganzes Gefühl zur Entscheidung zusammenfassend, schreitet langsam, mit großer Haltung, dem Ruhebett zu, auf dessen Kopfende sich stützend sie den Blick fest dem Eingange zuwendet.

Hob.
Klar. in A.
Engl. H.
Trp. I. II. in E.
Hr. III. IV. in E.
Fag.
Baßkl. in A.
Pos.
Pk.
I. Viol. II.
Br.
B. Kurwenal öffnet ein wenig den Vorhang, der sich nach Tristans Eintritt sofort schließt.
(Tristan tritt ein und bleibt ehrerbietig am Eingange stehen.)
Vcl.
K. B.
(Isolde ist mit furchtbarer Aufregung in seinen Anblick versunken.)
Vcl. K. B.

B. Von hier an leichter im Tempo.
Hob.
zu 2
Klar. in A.
zu 2
Engl. H.
(in E.)
Hr. in E.
zu 3
I. II.
Fag.
Baßkl. in A.
Pk.
B. Von hier an leichter im Tempo.
I.
Viol.
II.
Br.
Isolde.
B. Fast tonlos und ohne Bewegung.
I.
Wüß-test du
B. Das Haupt leicht gesenkt.
Tristan.
T.
Begehrt, Her-rin, was ihr wünscht.
pizz.
Bog.
Vcl.
pizz.
K. B.

Hob.
Klar. in A.
Engl. H.
Hr. III. IV. in E.
ten.
Baßkl. in A.
Pk.
Viol. I. II.
Br.
I.
nicht, was ich be-geh-re, da doch die Furcht, mir's zu er-fül-len, fern mei-nem Blick dich
Vcl.
Bog.
K. B.
(get.) pizz.
Hob. I.
Klar. in A.
Engl. H.
Hr. in E.
weich
weich
Fag. I.
Baßkl. in A.
Pk.
Viol. I. II.
gehalten
gehalten
Br.
gehalten
B. Scharf, aber nicht laut.
I.
hielt?
Der Eh-re we-nig
T.
Ehr-furcht hielt mich in acht.
Vcl.
K. B.

Hob.
Klar. in A.
Engl. H.
Hr. III. IV. in E.
Fag.
Baßkl. in A.
Pk.
Viol. I. II.
Br.
I.
T.
Vcl.
K. B.
cresc.
pizz.
bo - test du mir; mit off-nem Hohn ver-wehr-test du Ge - hor - sam mei-nem Ge-bot.
B. Tristan
Ge -
hor-sam ein - zig hielt mich in Bann.
nähert sich sehr allmählich Isolden.
So dankt ich Ge - rin-ges dei-nem Herrn, riet dir sein Dienst
Klar. in A.
Hr. in E.
Fag.
Baßkl. in A.
Pk.
Viol. I. II
Br.
I.
T.
Vcl.
K. B.
Bog.

Hob.
Klar. in A.
Engl. H.
Hr. in E.
Fag.
Baßkl. in A.
I. Viol. II.
Br.
I.
T.
Vcl.
K.B.
ff
f
p
pizz.
Bog.
B. „Gemahl" vornehm, nicht akzentuiert.– Bei diesem Worte hat Isolde das Ruhebett verlassen.
Un - sit - te ge-gen sein ei-gen Gemahl?
Sit - te lehrt, wo ich ge - lebt: zur Braut-fahrt der

Hob.
Klar. in A.
Engl. H.
Hr. in E.
Fag.
Baßkl. in A.
Pk.
I.
Viol.
II.
Br.
I.
T.
Vcl.
K.B.
p cresc.
mf
dim.
ten.
cresc.
Bog.
pizz.
B. Isolde, einen Schritt sich ihm nähernd, mißtrauisch, zieht die Augenbrauen zusammen und spricht sehr einschneidend und stolz.
Aus wel-cher Sorg?
Brautwerber mei - de fern die Braut.
Fragt die Sit - te!

Klar. in A. — Baßkl. in A. — Hr. IV. in E. — Fag. III. — Viol. I. II. — Br. — Isolde. — Vcl. — K. B.

zu 2 — IV. — III. — poco cresc. — Bog. gehalten — pizz.

B. Kleine Pause. Isolde ist von der abweisenden Antwort Tristans überrascht. Nur der Blick muß das kundgeben und zwar mit Ruhe. Sie tritt dann einen Schritt näher zu ihm und spricht das Folgende mit leisem, zurückhaltendem Hohn.

Isolde.

Da du so sitt-sam, mein Herr Tri-stan, auch ei - - ner

Klar. in A. — Baßkl. in A. — Hr. IV. in E. — Fag. III. — Trp. III. in F. — Pos. — Viol. I. II. — Br. — I. — Vcl. — K. B.

Sit-te sei nun ge-mahnt: den Feind dir zu süh-nen, soll er als Freund dich

Bog.

Hob.
Klar. in A.
Engl. H.
Hr. in E.
Fag.
Baßkl. in A.
I. II. in E.
Trp.
III. in F.
Pos.
Pk.
I.
Viol.
II.
Br.
I.
T.
Vcl.
K. B.
zu 2
molto cresc.
ff
ten.
cresc.
sf
pizz.
B. In anderem Ton: heftig, aber nicht grell und nicht rasch.
B. Feierlich.
rüh-men.
Frag dei-ne Furcht!
Blutschuld schwebt zwischen uns.
Und wel-chen Feind?
Die ward ge-

zu 2
Hob.
Klar. in A.
Engl. H.
Hr. in E.
Fag.
Baßkl. in A.
ten.
I. II. in E.
Trp.
III. in F.
Pos.
tr
Pk.
pizz.
I.
Viol.
II.
Bog.
Br.
B. Nicht zu rasch; das „Nicht“ mit einer Kopfbewegung.
I.
Nicht zwischen uns!
B. Ritterlich.
T.
sühnt!
Im off-nen Feld von al-lem Volk ward Ur - feh-de ge-
Vcl.
K. B.

Etwas bewegter, doch mäßig.
Klar. in A.
Fag. I.
Etwas bewegter, doch mäßig.
Bog.
I. Viol. II.
pizz.
Br.
p weich
B. Immer mit leisem Hohn.
Nicht da war's, wo ich Tan - tris barg, wo Tri-stan mir ver-fiel.
Da
T.
schworen.
Vcl.
K. B.
Gr. Fl. I. II.
Hob.
p molto cresc.
dolce
weich
Hr. I. II. in F.
(in F.)
Fag.
zu 2
B. Sehr energisch, und dann große Bewegungen.
stand er herr - lich, hehr und heil; doch was er schwur, das schwur ich

Gr. Fl. I. II.
Hob.
Engl. H.
Klar. in A.
Hr. I. II. in F.
Fag.
Viol. I.
II.
Br.
I.
Vcl.
K. B.
zu 2
I.
B. Lange Pause.
nicht: zu schweigen hatt ich ge-lernt.
B. Immer mit mäßigen Bewegungen.
Da in stil- ler Kam-mer krank er
Belebend.
Baßkl. in A.
lag,
mit dem Schwerte stumm ich vor ihm
cresc.

Gr. Fl. I. II.
Hob.
zu 2
f
Klar. in A.
f
più f
Engl. H.
f
in F.
Hr.
in E.
mf
più f
Fag.
più f
più f
Baßkl. in A.
più f
I.
Viol.
II.
più f
Br.
cresc.
più f
I.
stund: schwieg da mein Mund, bannt ich mei-ne
Vcl.
cresc.
più f
K. B.
cresc.
più f

Sehr lebhaft.
Gr. Fl. I. II.
Hob.
Klar. in A.
Engl. H.
in F.
Hr.
in E.
Fag.
Baßkl. in A.
Trp. I. II. in E.
Sehr lebhaft.
I.
Viol.
II.
Br.
I.
Hand, – doch was einst mit Hand und Mund ich ge-lobt, das
Vcl.
K. B.

Wieder mäßiger.
Hob.
Klar. in A.
Engl. H.
in F. Hr. in E.
Fag. II. III.
Trp. in E.
Pos.
Viol. I. II.
Br.
I.
Vcl.
K. B.
B. Ruhig und einfach.
schwur ich schwei-gend zu hal - ten.
Nun will ich des Ei - des
trem.
pizz.
accelerando
zu 2
Hr. I. II. in F.
Fag.
Pk.
T.
B. Mit heftigem Schritt näher zu Tristan.
lebhafter
wal - ten.
Ra - che für Mo-rold!
Tristan.
Was schwurt ihr, Frau?
Bog.
poco cresc.

riten.
Lebhafter.
Hob.
Klar. in A.
Engl. H.
in F. Hr. in E.
Fag.
Viol. I. II.
Br.
I.
T.
Vcl.
K. B.
zu 2
cresc.
ff
dim.
p
Bog.
lebhaft
f
B. Mit ruhigem Ton.
Wagst du zu höh-nen?
An - ge -
mäßig
Müht euch die?
pizz.
Hr. III. IV. in E.
Pk.
dolce
lobt war er mir, der heh - re I - ren - held; sei - ne

zu 2
Gr. Fl. I. II.
Hob.
Klar. in A.
Trp. I. II. in E.
(in E.)
Hr. in E.
Fag.
Pk.
pizz.
Bog.
I.
Viol.
II.
Br.
I.
Waf - fen hatt ich ge - weiht; für mich zog er zum Streit.
Vcl.
K. B.
cresc.

Noch etwas mehr belebend.
zu 2
Gr. Fl. I. II.
Hob.
Klar. in A.
Hr. in E.
Fag. III.
Noch etwas mehr belebend.
I. Viol. II.
Br.
B. Sehr stolz.
(lebhafter)
I.
Da er ge-fal-len, fiel mei-ne Ehr: in des Her - zens
Vcl.
K. B.
pizz.
Hob.
Klar. in A.
Hr. in E.
Fag.
(get.)
I.
Schwe - re schwur ich den Eid, würd ein Mann den Mord nicht
Vcl.
K. B.

Etwas mäßiger.
Hob.
Klar. in A.
Hr. in E.
Fag.
Pk.
ten.
Etwas mäßiger.
Viol.
Br.
I.
B. Sich Tristan nähernd.
süh - nen, wollt ich Magd mich des er - küh - nen.
Vcl.
K. B.
pizz.
Hr. IV. in E.
B. Ohne Akzent.
B. Noch näher.
Siech und matt in mei-ner Macht, warum ich dich da nicht schlug?

Belebter.
rallent. Mäßiger.
Hr. IV in E.
Fag. III.
dim.
Bog.
I. Viol. II.
Br.
I.
Vcl.
K.B.
pizz.
(zurückhaltend)
Das sag dir selbst mit leich-tem
Belebend.
zu 2
Hob.
Klar. in A.
Hr. in E.
Fag.
cresc.
p cresc.
B. Sehr deutlich mit wenigen, bestimmten Bewegungen. Sie ist nicht mehr allzuweit von Tristan.
Fug. Ich pflag des Wun - den, daß den Heil - - gesun - den rä - chend schlü - ge der

Mäßig.
Hob.
Klar. in A.
Hr. in E.
Fag.
Trp. I in E.
Pos.
Pk.
Mäßig.
pizz.
I. Viol. II.
Br.
(etwas gedehnt)
I.
Mann, der I - sol-denihn ab - ge-wann,
Dein Los nun
Vcl.
Bog.
pizz.
K.B.

zu 2
Gr.Fl. I. II.
Hob.
Klar. in A.
Engl. H.
Hr. I. II in F.
(in F.)
Fag.
Bog.
I.
Viol.
II.
cresc.
Br.
I.
sel-ber magst du dir sa - gen!
Da die Män - ner sich all ihm ver-
Vcl.
K.B.

zu 2
rall.
Gr. Fl. I. II.
ff
Hob.
Klar. in A.
(in B)
Engl. H.
in F.
Hr.
in E.
Fag.
Trp. I. II in E.
f
Pos.
Pk.
tr
I.
Viol.
II.
dim.
Br.
I.
tra - gen, wer muß nun Tristan schlagen?
Vcl.
K.B.

Langsam.
Fag.
Baßkl. in B.
Langsam.
I. Viol. II.
Br.
pizz.
Tristan. B. wendet sich sehr leise ab.
(bleich und düster)
T.
War Mo-rold dir so wert, nun wie-der nimm das Schwert, und
Vcl.
K.B.
cresc.
Klar. in B.
Etwas bewegter.
Bog.
(er reicht ihr sein Schwert dar, und wendet sich ab.)
B. Tristan hält eine Weile sein Schwert hin. Isoldes Gesichtsausdruck sehr ernst, betroffen. —
führ es sicher und fest, daß du nicht dir's ent-fal - len läßt!

I. Viol. II.
Br.
Isolde.
Übergang zur Ironie. (Zart!)
Sie wendet sich zu Tristan.
B. Mit leichtem, vornehmen Hohn.
I.
Wie sorgt ich schlecht um dei - nen
Vcl.
K.B.
Her - ren; was wür - de Kö - nig Mar - ke sa - gen, er - schlüg ich ihm den be - sten Knecht, der Kron und
Klar. in B.
zu 2
Pos.
Pk.
dim.
B. Einen Schritt näher und immer höhnischer, aber leise.
Land ihm ge - wann, den al - ler - treu - sten Mann?
Dünkt dich so
pizz.

I. Viol. II.
Br.
I.
Vcl.
dim.
we-nig, was er dir dankt, bringst du die I-rin ihm als Braut, daß er nicht schöl-te, schlüg ich den Wer-ber, der
Langsamer.
rallent.
B. Ruhig abwehrende Gebärde.
Ur-feh-de-Pfand so treu ihm lie-fert zur Hand? Wah-re dein Schwert!
cresc.
accelerando
Hr. I. II in F.
zu 2
Da einst ich's schwang, als mir die Ra-che im Bu-sen rang:
Bog.
K.B.

rallent.
Hob.
Klar. in B.
in F.
Hr.
in E.
Fag.
I. Viol. II.
Br.
B. Schmerzlicher Gesichtsausdruck.
I.
als dein mes - sender Blick mein Bild sich stahl, ob ich Herrn Mar - ke taug — als Ge -
Vcl.
K.B.
Engl.H.
mahl: — das Schwert — da ließ ich's sinken. Nun laß uns Süh - ne
B. Ohne Pathos.
B. Sehr gemessen, vornehm, huldvoll gehalten.
pizz.
Bog.
cresc.
dim.
più p

Mäßig.
Hob. I.
Klar. in B.
Engl. H.
Hr. III. IV in E.
Baßkl. in B.
I. Fag. II. III.
zu 2
Pos.
B. T.
Pk.
Mäßig.
trem.
I. Viol. II.
Br.
(Sie winkt Brangänen. Diese schaudert zusammen, schwankt und zögert in ihrer Bewegung.)
B. Die Winke an Brangänen nicht zu groß: Tristan soll sie nicht sehen.
B. Flehende Gebärde Brangänens.
I.
trinken!
pizz.
Bog.
cresc.
f dim.
Vcl.
K. B.

accelerando
Mäßig.
zu 2
Hob.
Klar. in B.
Engl. H.
in F.
Hr.
in E.
Baßkl. in B.
Fag.
Pos.
B. T.
Pk.
più f
cresc.
p molto cresc.
accelerando
Mäßig.
I.
Viol.
II.
Br.
(get.)
(Isolde treibt sie mit gesteigerter Gebärde an.) (Brangäne läßt sich zur Bereitung des Trankes an.)
Tenor I.
Ho - he - ha - he!
Stimmen des Schiffsvolkes (außen).
Baß I.
Am Obermast
Vcl.
Bog.
K.B.

Gr. Fl. I. II.
Hob.
zu 2
Klar. in B.
in F.
Hr.
in E.
Fag.
zu 2
Trp. I. II. in F.
Pk.
tr
I.
Viol.
II.
Br.
(Tristan aus düstrem Brüten auffahrend.)
Ten. I.
ho-he-ha-he- - -ha! He- -ha!
Ten. II.
Am Ober-mast die Segelein!
Baß I.
die Segelein!
Ho-he-ha-he!
Baß II.
Ho- -he-ha-he! Ho-he-ha-he!
Vcl.
K.B.

Hob.
zu 2
Klar. in B.
Engl. H.
Fag. I. II.
Baßkl. in B.
Trp. in F.
Pos.
Pk.
I. Viol. II.
Br.
Isolde.
B. Sehr bedeutungsvoll, ohne Akzent.
Leise und geheimnisvoll, mit forschendem Blick.
I.
Hart am Ziel! Tri-stan, gewinn ich Süh-ne? Was hast du mir zu
Tristan.
T.
Wo sind wir?
Vcl.
K.B.

Klar. I. in B.
Fag.
Baßkl. in B.
Br.
I.
T.
Vcl.
pp
(in 3 Part.)
trem.
pizz.
sa gen?
(finster)
DesSchweigens Her-rin heißt mich schwei-gen:_ faß' ich, was sie ver-
Klar. in B.
Engl. H.
Viol. II.
accelerando
p
cresc.
(get.) trem.
Bog.
(get.)
B. Sie erwidert sehr lebhaft, in der Sorge, Tristan würde nicht mit ihr trinken — kleine Bewegungen.
(belebend)
Dein Schweigen faß ich, weichst du mir
schwieg, verschweig ich, was sie nicht faßt.

Lebhafter.
Engl. H.
Baßkl. in B.
Pk.
Lebhafter.
I. Viol. II.
Br.
B. Handbewegung.
I.
aus. Wei - gerst du die Süh - ne mir?
Schiffsvolk (außen).
Ten.
Ho - he - ha - he! Ho - he - ha - he! ha!
Bässe.
Ho - he - ha - he!
Bog.
cresc.
Vcl.
K.B.
pizz.
Gr. Fl. I. II.
Hob.
Klar. in B.
in F. Hr. in F.
(in F.)
Fag.
zu 2
Trp. I. II. in F.
Pos.
Pk.
I. Viol. II.
Br.
I.
(Auf Isoldes ungeduldigen Wink reicht Brangäne ihr die gefüllte Trinkschale.)
(Isolde, mit
Du hörst den
Bässe.
Ho - he - ha - he!
Vcl.
K.B.
Bog.

rallent.
zu 2
Hob.
Klar. in B.
Hr. IV. in F.
Fag.
rallent.
I. Viol. II.
Br.
dim.
dem Becher zu Tristan tretend, der ihr starr in die Augen blickt.)
I.
Ruf?
Wir sind am Ziel:
in kur - zer Frist
Vcl. K.B.
Etwas gedehnt. B. Nicht schleppen!
Hob.
Klar. in B.
Hr. IV. in F.
Fag.
Trp. in F.
Pos.
Pk.
Etwas gedehnt. B. Nicht schleppen!
pizz.
Bog.
I. Viol. II.
Br.
B. Ein kleiner Schritt zu Tristan.
(sehr ernst)
(mit leisem Hohn)
I.
stehn wir vor Kö - nig Marke.
Ge-lei - test du mich, dünkt dich's nicht
Vcl.
K.B.

Hr. IV. in F.
I.
Viol.
II.
Br.
I.
Vcl.
K.B.
pizz.
Bog.
lieb, darfst du so ihm sa-gen: „Mein Herr und
Hob.
Fag.
poco cresc.
dim.
Ohm, sieh die dir an: ein sanftres Weib gewännst du nie. Ih-ren

Hob.
Fag.
Viol. I.
II.
Br.
I.
Vcl.
K.B.
p
cresc.
p dolce
poco cresc.
mf
pizz.
An - ge - lob - ten er-schlug ich ihr einst, sein Haupt sandt ich ihr heim; die
Klar. in B.
Bog.
dolce
Wun - de, die sei - ne Wehr mir schuf, die hat sie hold ge - heilt; mein

Gr.Fl.I.II. / Hob. / Klar. in B. / Hr. in F. / in E. / Fag. / I. Viol. II. / Br. / I. / Vcl. / K.B.

(in E.)

Le - - ben lag in ih - rer Macht: — das schenk - te mir die

accelerando — rall.

Cr.Fl.I.II. / Hob. / Klar. in B. / Hr. in F. / in E. / Fag. / I. Viol. II. / Br. / I. / Vcl. / K.B.

mil - de Magd, und ih - res Lan - des Schand und Schmach, die gab sie mit dar-ein, dein

rallent.
a tempo
I. Viol. II.
Br.
I.
Eh-ge-mahl zu sein. So gu-ter: Ga - ben hol - den Dank schuf mir ein
Vcl. K.B.
Hob.
Engl.H.
in F. Hr. in E.
Fag.
p cresc.
Pos.
zu 2
B. T.
trem.
poco a poco cresc.
cresc.
sü - ßer Süh - ne-trank; den bot mir ih - re Huld, zu süh - nen al - le

Sehr bewegt.
Hob.
p
molto cresc.
f
Engl. H.
Klar. in B.
Baßkl. in B.
in F.
Hr.
in E.
Fag.
zu 2
Trp. in F.
Pos.
Pk.
tr
Sehr bewegt.
I.
Viol.
II.
fp
cresc.
Br.
I.
Schuld."
Tenöre.
Auf das Tau!
Schiffsvolk (außen).
Bässe.
Auf das Tau!
Vcl.
K.B.
pizz.

zu 2
Hob.
Engl.H.
Klar. in B.
Baßkl. in B.
in F.
Hr.
in E.
Fag.
Trp. in F.
Pos.
Pk.
I.
Viol.
II.
Br.
cresc.
T.
Tristan.
(wild auffahrend)
Los den Anker! Das Steuer dem
Ten.
Anker los!
Bässe
Anker los!
Vcl.
K.B.
pizz.
trem.
Bog.

zu 2
Hob.
Engl.H.
Klar.
in B.
Baßkl.
in B.
in F.
Hr.
in E.
Fag.
Trp.
in F.
Pos.
I.
Viol.
II.
Br.
T.
Strom! Den Win - - den Se - gel und Mast! —
Vcl.
K.B.

Gr. Fl. I. II.
Hob.
Klar. in B.
Hr. I. II. in F.
Fag.
Trp. II. III. in F.
Pos.
I. Viol. II.
Br.
T.
Vcl.
K. B.
zu 2
ff
p
cresc.
f
dim.
I. II.
III.
pizz.
(er entreißt ihr die Trinkschale)
Wohl kenn ich Ir-lands Kö-ni-gin, und ih-rer Kün-ste Wun-der-
Gr. Fl. I. II.
Hob.
Klar. in B.
Hr. I. II. in F.
Fag.
Trp. III. in F.
Pos.
I. Viol. II.
Br.
T.
Vcl.
K. B.
kraft.
Bog.
Den Bal-sam nützt ich, den sie bot: den Be-cher nehm ich

zu 2
Hob.
Engl. H.
Klar. in B.
Baßkl. in B.
Hr. I. II. in F.
Fag.
Viol. I.
Viol. II.
Br.
T.
nun, daß ganz ich heut ge-ne-se.
Vcl.
K. B.
ff
p
f dim.
zu 2
Hob.
Engl. H.
Klar. in B.
Hr. III. IV. in E.
Fag.
Viol. I.
Viol. II.
Br.
T.
Und ach-te auch des Süh-ne-eids, den ich zum Dank dir
Vcl.
K. B.
cresc.

Gr.Fl.
Hob.
Engl.H.
Klar. in B.
in F.
Hr.
in E.
Fag.
Baßkl. in B.
Trp.I.II. in F.
Pos.
Pk.
zu 3
zu 2
zu 2
zu 2
I.
(Der Vortrag des Sängers zu beachten!)
I.
Viol.
II.
Br.
T.
Vcl.
K.B.
meno f
meno f
sa - ge!
Tri - stans Eh - re — höch - ste

zu 2
Hob.
Engl. H.
Klar. in B.
Hr. I. II. in F.
Fag. I. II.
Viol. I.
Viol. II.
Br.
T.
Vcl.
f
ff
mf
p
cresc.
sf
più p
B. Den Blick auf den Becher gerichtet.
(gedehnt)
(rasch)
(zögernd)
Treu! Tri - stans E - lend - kühn - ster Trotz! Trug des Her - zens!
Hob.
Engl. H.
Klar. in B.
Hr. III. IV. in E.
Fag.
Baßkl. in B.
Viol. I.
Viol. II.
Br.
T.
Vcl.
K. B.
fp
(langsam)
(gesteigert)
(etwas breit)
Traum der Ah - nung! Ew' - ger Trau - er einz' - ger Trost: Ver - ges - sens güt' - ger

zu 2
Sehr lebhaft.
Hob.
Engl.H.
Klar. in B.
Hr. III. IV. in E.
Fag.
Baßkl. in B.
Trp. in F.
Pos.
Pk.
Sehr lebhaft.
Viol.
Br.
pizz.
Bog.
Isolde.
I.
Be-trug auch hier? Mein die
T.
(lebhafter)
Trank, dich trink' ich son-der Wank! (Er setzt an und trinkt)
Vcl.
K.B.

Gr.Fl.I.II.
Hob.
Klar. in B.
Engl.H.
in F.
Hr.
in E.
Fag.
Baßkl. in B.
Trp.I.II. in F.
Pos.
B.T.
Pk.
I.
Viol.
II.
Br.
I.
Vcl.
K.B.
zu 2
molto espress.
(sie entwindet ihm den Becher)
B. Bewegung des Zutrinkens.
Hälf - te!
Ver - rä - - - ter!
Ich trink sie dir!
più f

Langsam.
zu 2
Gr.Fl.I.II.
Hob.
dim.
p
più p
Klar. in B.
Engl.H.
in F.
Hr.
in E.
Fag.
Baßkl. in B.
Trp.I.II. in F.
Pos.
B.T.
Pk.
tr
pp
Langsam.
I.
Viol.
II.
Br.
Dann wirft sie die Schale fort.— Beide, von
B. Isolde wirft die Schale nicht fort, dieselbe entsinkt vielmehr ihrer allmählich sich öffnenden Hand.
(sie trinkt)
trem.
Vcl.
K.B.

side 4
Hob.
Engl. H.
Klar. in B.
Baßkl. in B.
Fag.
Pk.
Br.
Vcl.
K.B.
pp
trem.
tr
pizz.
p
Schauer erfaßt, blicken sich mit höchster Aufregung, doch mit starrer Haltung, unverwandt in die Augen, in deren Ausdruck der Todestrotz bald der Liebesglut weicht.
Etwas bewegt.
rallent.
zu 2
f
ff
Hr. II. in F.
Viol.
I.
II.
piu f
cresc.
dim.
Bog.
Zittern ergreift sie. Sie fassen sich krampfhaft an das Herz, — und führen die Hand wieder an die Stirn.

Langsam.
Gr.Fl.I.
Hob.
zu 2
Klar. in B.
zu 2
I.
Engl.H.
Hr.II. in F.
Fag.I.II.
Baßkl. in B.
Hrfe.
Langsam.
I.
Viol.
II.
Br.
sehr ausdrucksvoll
Dann suchen sie sich wieder mit dem Blick, —
senken ihn verwirrt, und heften ihn wieder mit steigender Sehnsucht aufeinander.
Vcl.
sehr ausdrucksvoll

Gr. Fl. I. II.
Hob.
Klar. in B.
Engl. H.
in F.
Hr.
in E.
Fag.
Baßkl. in B.
Hrfe.
Viol. I.
Viol. II.
Br.
Isolde.
I.
Tristan.
T.
Vcl.
K.B.
zu 2
cresc.
I.
più f
pizz.
Bog.
dim.
(mit bebender Stimme)
Tristan!
(überströmend)
I - sol-de!
(an seine Brust sinkend)
Treu - lo-ser Holder!

Lebhaft mit Steigerung.
Hob.
Klar. in B.
Hr. I. II. in F.
zu 2
cresc.
Lebhaft mit Steigerung.
Viol. I. II.
Br.
(Er umfaßt sie mit Glut)
(sie verbleiben in stummer Umarmung.)
T.
Se - ligste Frau!
Vcl.
K.B.
Bog.
sempre più f
in F. Hr. in E.
molto cresc.
più f
Fag. I. II.
3 Trp. in C.
(auf dem Theater, wie vom Lande her)
(Brangäne, die, mit abgewandtem Gesicht, voll Verwirrung und Schauder sich über den Bord gelehnt hatte, wendet sich jetzt dem Anblick des in Liebesumarmung versunkenen Paares zu und stürzt händeringend voll Verzweiflung in den Vordergrund.)
Alle Männer (außen).
Tenor I.
Tenor II.
Baß I.
Baß II.
Heil! Kö - nig Mar - ke Heil!

Gr.Fl.I.II.
zu 2
Hob.
Klar. in B.
in F.
Hr.
in E.
Fag.
Pos.
B.T.
I.
Viol.
II.
Br.
Trp. in C.
Brangäne.
We - - - - he! Weh! Un - ab-wend - bar ew' - - - ge
Ten.I.
Baß II.
Vcl.
K.B.

zu 2
Gr.Fl.I.II.
Hob.
Klar. in B.
in F.
Hr.
in E.
Fag.
I.
Viol.
II.
Br.
B.
Not für kur - zen Tod! Tör' - - - - ger Treu - - - e
Vcl.
K.B.
Gr.Fl.I.II.
Hob.
Klar. in B.
Engl.H.
in F.
Hr.
in E.
Fag.
Pk.
molto cresc.
più f
I.
Viol.
II.
Br.
B.
trug - vol - les Werk blüht nun jam - - - - mernd em-
Vcl.
K.B.

B. Sehr leidenschaftlich drängend.
Klar. in B.
Engl. H.
I. in F. II.
Hr.
III. in E. IV.
Fag.
Baßkl. in B.
Pos.
B. T.
Pk.
ff
p
cresc.
B. Sehr leidenschaftlich drängend.
I. Viol. II.
(a.d.G.)
p dolce
Br.
B.
(Beide fahren aus der Umarmung auf.)
por!
Tristan.
T.
(verwirrt.)
Was träum - te mir von Tri - stans Eh - -
Vcl.
K.B.
pizz.

Gr.Fl.I.
Hob.
Klar. in B.
Engl.H.
I. in F.
Hr. II.
in E. III. IV.
Fag.
Baßkl. in B.
Pos.
B.T.
Pk.
Hrfe.
I. Viol. II.
Br.
I.
T.
Vcl.
K.B.
zu 2
p dolce
cresc.
poco a poco cresc.
p cresc.
pizz.
Bog.
Isolde.
Was träum - te mir von I - sol - - des
- re?

Gr.Fl.I.
Hob.
Klar. in B.
Engl.H.
I. in F.
Hr. II.
in E. III. IV.
Fag.
Baßkl. in B.
Pos.
Pk.
Hrfe.
I. Viol. II.
Br.
I.
T.
Vcl.
K.B.
zu 2
cresc.
poco a poco cresc.
Bog.
Schmach?
Du mich ver-stoßen?
Tö-ri-gen Zür-nens eitles
Du mir ver-loren?
Trügenden Zaubers tückische List!

zu 2
Gr.Fl.I.II.
Hob.
Klar. in B.
Engl.H.
in F.
Hr.
in E.
Fag.
Baßkl. in B.
Trp.II.III. in F.
Pos.
B.T.
Pk.
Hrfe.
I.
Viol.
II.
Br.
I.
T.
Vcl.
K.B.
più f
ff
f
tr
Dräun!
Tri - - - - stan!
Trau - tester
I - sol - - - - - - de!
Sü - ße-ste Maid!

Gr.Fl.I.II.
zu 2
Hob.
zu 2
I.
Klar. in B.
Engl.H.
in F.
Hr.
in E.
Fag.
Baßkl. in B.
Trp.II.III. in F.
Pos.
Hrfe.
I.
Viol.
II.
Br.
I.
Mann! Wie sich die Her - zen wo-gend er - he - ben, wie al-le Sin - ne wonnig er - be - - - ben!
T.
Wie sich die Her - zen wo-gend er - he - ben, wie al-le Sin - ne wonnig er - be - - - ben!
Vcl.
K.B.
pizz.
Bog.
cresc.

Gr.Fl.II.III.
Hob.
Klar. in B.
Engl.H.
in F.
Hr.
in E.
Baßkl. in B.
Fag.
Pk.
Hrfe.
I.
Viol.
II.
Br.
I.
T.
Vel.
K.B.
p
pp
tr
cresc.
poco cresc.
pizz.
Seh - nender Min - ne schwel - len-des Blü - hen,
Seh - nender Min - ne schwel - len-des Blü - hen,

Gr.Fl.
cresc.
Hob.
zu 2
Klar. in B.
p cresc.
Engl.H.
I. in F.
Hr.
III. IV. in E.
Baßkl. in B.
Fag.
p cresc.
Pos.II.III.
Pk.
Hrfe.
Viol.
I.
II.
Br.
T.
schmach- - tender Lie- - be se- - li-ges Glü- - hen!
schmach- - tender Lie- - be se- - li-ges Glü- - hen! Jach
Vcl.
K.B.
pizz.
Bog.

Gr.Fl.
zu 2
Hob.
zu 2
più f
Klar. in B.
più f
zu 2
Engl.H.
più f
in F.
Hr.
in E.
zu 2
più f
sf
cresc.
Baßkl. in B.
più f
Fag.
più f
cresc.
Trp. I.II. in F.
Pos. I. II. III.
Pk.
tr
Hrfe.
più f
ff
Viol.
I.
II.
zus.
più f
Br.
più f
I.
Jach in der Brust jauch - - zende Lust! Tri - stan! Tri -
T.
— in der Brust jauch - - zende Lust! I - sol - de! I - sol - de!
Vcl.
K.B.
zus.
più f

Gr. Fl.
zu 2 più f
più f
ff
p
Hob.
Klar. in B.
Engl. H.
in F.
Hr.
in E.
I.
zu 2
Fag.
cresc.
Baßkl. in B.
Trp. I. II. in F.
Pos.
B. T.
Pk.
Hrfe.
dol.
I.
Viol.
II.
pizz.
Br.
stan! Wel - ten - ent - ron - nen du mir ge -
T.
I - sol - de, I - sol -
Vcl.
K. B.

Gr.Fl.
zu 2
Hob.
Klar. in B.
Engl.H.
I.
in F.
Hr.
in E.
zu 2
Fag.
Baßkl. in B.
Pk.
Hrfe.
dim.
I.
Viol.
II.
Bog.
Br.
dolce
I.
won- - - nen, Tri-stan! Du mir ge - won - nen, du mir
T.
de mir ge-won-nen! I - sol - - de! Du mir
Vcl.
espress.
K.B.
cresc.

Gr. Fl.
zu 2
cresc.
f
Hob.
f
più f
dim.
Klar. in B.
cresc.
dim.
Engl. H.
in F.
Hr.
in E.
Fag.
Pk.
tr
p
Hrfe.
I.
Viol.
II.
fp
Br.
dim.
I.
ein - zig bewußt, höch - ste Lie -
T.
ein - zig bewußt, höch - ste Lie -
Vcl.
K.B.

Gr. Fl.
Hob.
Klar. in B.
Engl. H.
in F.
Hr.
in E.
Fag.
Pos.
Pk.
Hrfe.
I.
Viol.
II.
Br.
I.
B.
T.
Vcl.
K.B.
dim.
p
più p
zu 2
molto cresc.
p molto cresc.
più f
cresc.
tr
pizz.
(Die Vorhänge werden weit auseinander gerissen; das ganze Schiff ist mit Rittern und Schiffsvolk bedeckt, die jubelnd über Bord winken, dem Ufer zu, das man, mit einer hohen Felsenburg gekrönt, nahe erblickt.)
bes - lust!
Brangäne (zu den Frauen, die auf ihren Wink aus dem Schiffsraum herauf steigen).
Schnell, den Man-tel, den Kö-nigschmuck!
(Tristan und Isolde bleiben, in ihren gegenseitigen Anblick verloren, ohne Wahrnehmung des um sie Vorgehenden.)

Etwas zurückhaltend.
Gr.Fl.II.III.
zu 2
Hob.
Klar. in B.
Engl.H.
in F.
Hr.
in E.
Fag. I.II.
Pos.
Pk.
più f
Etwas zurückhaltend.
sehr kräftig
I.
Viol.
II.
Br.
(zwischen Tristan und Isolde stürzend)
(Sie legt Isolden,
B.
Un - - sel' - ge! Auf! Hört, wo wir sind!
Vcl.
K.B.
Bog.

Etwas breiter im Zeitmaß.
Kl.Fl.
Hob.
zu 2
più f
Klar. in B.
Engl.H.
Hr. in F.
(in F)
Fag.
Trp. in F.
II.
Pos.
B.T.
Pk.
Trgl.
Becken.
Etwas breiter.
I.
Viol.
II.
Br.
die es nicht gewahrt, den Königsmantel an.)
Tenöre.
Alle Männer (auf dem Schiff)
Bässe.
Heil!
Heil! Kö-nig Marke Heil!
Kö - nig Mar-ke Heil!
Vcl.
K.B.

Kl.Fl.
Gr.Fl.I.II.
zu 2
ff
Hob.
Klar. in B.
Engl.H.
Hr. in F.
Fag.
Trp. in F.
p
cresc.
f
Pos.
B.T.
Pk.
meno f
più f
Trgl.
I.
Viol.
II.
(a. d. G.)
Br.
Trp. in C.
zu 3
Auf dem Theater (wie vom Lande her).
Pos.
Ten.
Heil! Heil dem Kö - - - - - nig!
Bässe.
Heil! Heil dem Kö - - - - - - nig!
Vcl.
K.B.

B. Vorwärts im Tempo.
Kl.Fl.
Gr.Fl.I.II.
Hob.
Klar. in B.
Engl.H.
Hr. in F.
Fag.
Trp. in F.
Pos.
B.T.
Pk.
Trgl.
Becken.
I. Viol. II.
Br.
Trp. in C. (Theat.)
Pos.
Kurwenal (lebhaft herantretend).
Heil Tri - stan! Glück-licher Held!
Mit rei - chem Hof - ge-
Ten.
Heil Kö - nig Mar - ke!
Baß.
Heil Kö - nig Mar - ke!
Vcl.
K.B.

Hob. I.
Klar. in B.
Hr. III. in F.
Fag.
Viol. I. II.
Br.
K.
Vcl.
K.B.

poco cresc.

K.: sin - de, dort auf Na - chen naht Herr Mar - ke. Hei! wie die Fahrt ihn freut, daß er die

accelerando

Gr. Fl. I. II.
Hob.
Klar. in B.
Engl. H.
Hr. in F.
Fag.
Pk.
Viol. I. II.
Br.
T.
K.
Vcl.
K.B.

cresc. zu 2 *p* *tr* pizz.

Tristan (in Verwirrung aufblickend).

T.: Wer naht? Wel - cher

K.: Braut sich freit! Der Kö - nig!

B. Zurückhaltend.
B. Hauptzeitmaß.
Gr.Fl.I.II.
Hob.
Klar. in B.
Engl.H.
Hr. in F.
Fag.
Trp. in F.
Pos.
B T.
Pk.
Trgl.
Becken.
zu 2
più f
dim.
B. Zurückhaltend.
B. Hauptzeitmaß.
I.
Viol.
II.
Br.
Trp. in C.
Pos.
zu 3
(auf dem Theater)
(Kurwenal deutet über Bord.)
(Tristan starrt wie sinnlos nach dem Lande.)
T.
Kö - nig?
Tenor.
Alle Männer
(die Hüte schwenkend.)
Baß.
Heil! König Marke Heil!
Kö - nig Mar - ke Heil!
Heil! König Marke Heil!
Kö - nig Mar - ke Heil!
Vcl.
K.B.
Bog.

Wieder etwas bewegter.
zu 2
Hob.
Klar. in B.
Engl.H.
Hr. II. in F.
Fag.
Baßkl. in B.
Trp. I. II. in F.
Pos.
B.T.
Pk.
p cresc.
II.
più p
Wieder etwas bewegter.
(immer G-Saite)
I.
Viol.
II.
Br.
B. Dieses kleine Gespräch sehr deutlich.
B. Brangäne etwas beiseiteziehend.
Isolde (in Verwirrung).
Was ist, Bran-gä-ne? Welcher Ruf?
Wo bin ich? Leb ich? Ha! Welcher
Brangäne.
I-solde! Herrin! Fassung nur heut!
Vcl.
pizz.
Bog.
K.B.

Gr.Fl.I.II.
Hob.
Klar. in B.
Engl.H.
Hr. in F.
Fag.
Baßkl. in B.
Trp.I.II. in F.
Pos.
B.T.
Pk.
I. Viol. II.
Br.
I.
B.
T.
Vcl.
K.B.
zu 2
più f
(Isolde starrt entsetzt auf Tristan.)
Trank?
Tri - stan!
Muß ich
(verzweiflungsvoll)
Der Lie-bestrank!
Tristan.
I - sol - de!

Fl. I. II.

Hob.

Klar. in B.

Engl. H.

Hr. in F.

Fag.

Baßkl. in B.

Trp. I. II. in F.

Pos.

B. T.

Viol. I. II.

Br.

I.

(sie stürzt ohnmächtig an seine Brust.)

le - ben?

B. Brangäne trennt sofort die beiden.

(zu den Frauen)

B. Isolde in den Armen ihrer Frauen.

B.

Helft der Herrin!

T.

O Won - ne vol - ler Tü - cke! O

Vcl.

K. B.

più f - zu 2 ff p f dim. p

Kl.Fl.
Gr.Fl.I.II.
Hob.
Klar. in B.
Engl.H.
Hr. in F.
Fag.
Baßkl. in B.
Trp. in F.
Pos.
B.T.
Pk.
Trgl.
Becken.
I. Viol. II.
Br.
Trp. in C.
Pos.
T.
Vcl. K.B.
zu 2
più f
immer
zu 3
(a. d. G.)
(auf dem Theater)
(Leute sind über Bord gestiegen, andere haben eine Brücke ausgelegt und die Haltung aller deutet auf die soeben bevorstehende Ankunft der Erwarteten.)
trug-ge - weih - - tes Glücke!
Ten.
Alle Männer (Ausbruch allgemeinen Jauchzens).
Korn - wall Heil!
Baß.
Korn - wall Heil!

Kl.Fl.
Gr.Fl.I.II.
zu 2
Hob.
Klar. in B.
Engl.H.
Hr. in F.
Fag.
Baßkl. in B.
Trp. in F.
Pos.
B.T.
Pk.
I.
Viol.
II.
Br.
Trp. in C.
zu 3
Ten.
Baß.
Vcl. K.B.
(Der Vorhang fällt schnell.)

Kl.Fl.
Gr.Fl.I.II.
Hob.
Klar. in B.
Engl.H.
Hr. in F.
Fag.
Baßkl. in B.
Trp. in F.
Pos.
B.T.
Pk.
Trgl.
Becken.
I. Viol. II.
Br.
Trp. in C.
zu 3
Pos.
zu 3
Vcl. K.B.
ff
più f
f
tr

Zweiter Aufzug.

Einleitung.

Etwas beschleunigend.
Fl. I. II.
Hob.
Klar. in B.
Hr. II. in F.
Fag.
Baßkl. in B.
Viol. II.
Viol. I.
Etwas beschleunigend.
Br. (get.)
K.B.
pizz.
cresc.
Wieder wie zuvor.
Hr. III. IV. in F.
Viol.
Br.
Vcl.
ruhig

I.
Fl. I.
p sehr zart
Hob.
p sehr zart
p sehr zart
Hr. III. IV. in F.
pp
Fag. I.
I.
p sehr zart
I.
Viol.
II.
p
Br.
p
Vcl.
K.B.
pizz.
p
Fl. I. II.
pp
Hob.
pp
pp
pp
Klar. in B.
p zart
pp
pp
Hr. III. IV. in F.
pp
Fag.
pp
pp
pp
Baßkl. in B.
pp
Viol. II.
Br.
pp
(in 3 Part.)
pp
Vcl.
pp
(in 3 Part.)
pp

sehr ausdrucksv.
Hob.
Engl. H.
Klar. in B.
Hr. in F.
Fag.
Baßkl. in B.
Viol. I. II.
Br.
Vcl.
pp
sehr ausdrucksvoll
p
poco a poco cresc.
zu 2
III. IV.
I. II.
ausdrucksvoll
III.
II.
(in 2 Part.)
molto cresc.
ff
dim.
Hr. I. II. in F.
piu f
sempre ff
p molto cresc.
(zus.)
p cresc.
K.B.

Fl.I.II.
Hob.
Klar. in B.
Hr.I.II. in F.
Fag.
Baßkl. in B.
Pos.
Pk.
Viol. I.
Br.
Vcl.
sehr zart
più p
pp
(in 3 Part.)
(in 2 Part.)
Fl.I.II.
Hob.
Klar. in B.
Engl.H.
Hr. in F.
Fag.
Baßkl. in B.
I. Viol. II.
Br.
Vcl.
K.B.
zu 2
molto cresc.
poco a poco cresc.
dim.
ff
ff sempre
sempre
(zus.)
più f
p cresc.

zu 2
I.II.
Fl.
III.
Hob.
zu 2
Klar. in B.
Engl. H.
Hr. in F.
sempre f
Fag.
Baßkl. in B.
I.
Viol.
II.
Br.
sempre ff
Vcl.
sempre ff
K.B.
sempre ff

I.
II.
Fl.
III.
ff
dim.
zu 2
Hob.
Klar.
in B.
Engl.H.
Hr. in F.
p
Fag.
Baßkl.
in B.
(Der Vorhang wird aufgezogen.)
I.
Viol.
II.
(get.)
Br.
più p
(zus.)
Vcl.
f
K.B.

Erste Szene.

Garten mit hohen Bäumen vor dem Gemach Isoldes, zu welchem, seitwärts gelegen, Stufen hinaufführen. Helle, anmutige Sommernacht. An der geöffneten Türe ist eine brennende Fackel aufgesteckt. Jagdgetön. Brangäne, auf den Stufen am Gemach, späht dem immer entfernter vernehmbaren Jagdtrosse nach.

★) Auf dem Theater, zur Seite hinter dem Prospekt, sehr allmählich entfernter. (Diese Hörner sind womöglich doppelt, oder auch noch mehrfach zu besetzen.)

(Brangäne blickt ängstlich in das Gemach zurück, darin sie Isolde nahen sieht.)

Hob. I.
Klar. in B.
Engl. H.
Hr. II. in F.
Fag.
Baßkl. in B.
Viol.
Br.
I.
Vcl. K.B.
espress.
ausdrucksvoll
cresc.
più cresc.
molto
zu 2
(Isolde tritt, feurig bewegt, aus dem Gemach zu Brangäne.)
Isolde. B. Isolde und Brangäne müssen sich sehr gespannt zuhören.
Hörst du sie noch? Mir schwand schon
fern der Klang.
Hob.
Hr. in F.
Pk.
(a.d.Th.)
(entfernter)
più
ff
pp

Hr. IV. in F.
I.
II. III.
Hr. in F (a.d.Th.)
IV. V.
VI.
Pk.
B.
Vcl.
II. (allein)
(entfernter)
Brangäne (lauschend).
Noch — sind sie nah; —
deut -
- lich tönt's da - her.
B. Sie wandelt lauschend über die Bühne.
I. Viol. II.
Br.
(am Stege) (get.)
pp
(nur die erste Hälfte der Spieler.)
(am Stege)

Klar. in B.
pp
(sehr zart)
più p
Viol.I. (get.)
(natürlich)
pp
Viol.II. (get.)
Br. (get.)
Isolde.
I.
(sie lauscht).
Sor - gende Furcht beirrt dein Ohr;
Vcl.
(2.Hälfte)
(natürlich)
Fl.II.III.
Hr. in F.
(mit Dämpfer)
III.
Fag.
II.
Viol.
immer pp
Br.
dich täuscht des Lau - bes

(zart)
Hob.
Engl.H.
Klar. in B.
Fag.
Baßkl. in B.
(am Stege)
Viol. I. (get.)
(natürlich)
molto cresc.
Viol. II. (get.)
Br. (get.)
I.
säuselnd Ge - tön, das la - chend schüt - telt der Wind.
Brangäne.
B.
Dich täuscht des
Vcl. (get.)
K.B.
p cresc.

Hob.
Engl. H.
(gedämpft)
(gedämpft)
Hr. in F.
Fag. I. II.
Pk.
Viol. I. (get.)
cresc.
Viol. II. (get.)
cresc.
Br. (get.)
cresc.
I.
Hr. in F. II. III. (a.d.Th.)
(immer entfernter)
VI.
(Sie lauscht)
B.
Wun - sches Un - ge - stüm, zu ver - neh - men was du wähnst.
Vcl. (get.)
cresc.
K.B.
cresc.

Hr. in F.
(gedämpft)
più p
Pk.
(C)
pp
(sehr fern)
I.
Hr. in F. (a.d.Th.)
IV.
B.
B. Isolde verneint.
Ich hö - re der Hör - ner Schall.
Vcl.
pizz.
Klar. in B.
Viol. II.
Br.
(mit Dämpfern)
(Isolde lauscht)
Baßkl. in B.
Viol. I.
(in 4 Partien)
pp (gedämpft)
Isolde.
Nicht Hör - nerschall
(nur 2.)

Klar. in B.
Baßkl. in B.
Viol. I.
Viol. II.
Br.
I.
töntsohold, desQuel-les sanft
Vcl.

Klar. in B.
Baßkl. in B.
Viol. I.
Viol. II.
Br.
I.
rie- - seln-de Wel - - le rauscht so won - - - -
Vcl.

Klar. in B.
Fag. III.
pp
Baßkl. in B.
Viol. I.
Viol. II.
Br.
I.
- - nig da - her. Wie hört ich sie, to - - sten noch
Vcl.

Hob.I.
p (zart)
Klar. in B.
Fag.
pp
Baßkl. in B.
Viol.I.
Viol.II.
Br.
I.
Hör - ner?
In
Schwei - - - - - - - gen
der
pizz.
Vcl.
pp
Fl.I.
p
Hob.I.
Klar. in B.
Fag.
(ohne Dämpfer)
(zart)
I.
Viol.
II.
p
Br.
I.
Nacht
nur
lacht
mir
der
Quell.
(alle)
Vcl.
Bog.
p

Fl. I.
p(zart)
Hob.
pp
Klar. in B.
pp
Fag.
pp
pp
Baßkl. in B.
pp
I.
Viol.
II.
pp
Br.
p
I.
Der mei - - ner harrt in
Vcl.
(nur 2.)
K.B.
pizz. pp
Fl.
pp
pp
Hob.
pp
zu 2
f dim.
Klar. in B.
pp
Engl. H.
f dim.
Hr. I. II. in F.
(ohne Dämpfer)
p
cresc.
f dim.
Fag.
pp
f dim.
f dim.
Baßkl. in B.
I.
Viol.
II.
pp
(ohne Dämpfer)
pp
cresc.
f
p
Br.
(ohne Dämpfer)
p
cresc.
I.
schwei - - gen - der Nacht, als ob Hör - ner noch
Vcl.
pp
cresc.
f
p
(alle)
K.B.
Bog. pp
cresc.

Hob.
Klar. in B.
Engl. H.
Hr. I. II. in F.
Fag.
Baßkl. in B.
I.
Viol.
II.
Br.
I.
nah dir schallten, willst du ihn fern mir hal - ten?
pizz.
Vcl.
K. B.
cresc.
ff
f (get.)
zu 2
molto cresc.
Brangäne.
B.
Der dei - ner harrt, o hör mein War - - nen! des har - ren Spä - her zur
Bog.

Hob. I.
Klar. in B.
Hr. I. II. in F.
Viol. I.
Viol. II.
Br.
B.
Vcl.
pizz.
Bog.
p
Nacht.
Weil du er - blin - det, wähnst du den Blick der Welt er - blö - det für euch?
Fag. I.
Da dort an Schif - fes Bord, von Tristans be - bender Hand, die blei - che Braut, kaum ih - rer mächtig,
Kö - nig Marke em - pfing,
als al - les verwirrt auf die Wankende sah, der güt' - ge Kö - nig, mild be -

I. Hob. II.
Engl.H.
Klar. in B.
Hr. in F.
I. Viol. II.
Br.
B.
Vcl.
cresc.
molto cresc.
più f
ff
pizz.
(get.)
cresc.
sorgt, die Mühen der langen Fahrt, die du littest, laut be-klagt'; – ein Einz'-ger war's, ich achtet es
Bog.
pp (nur die erste Hälfte der Pulte)
wohl, der nur Tri-stan faßt' ins Au-ge; mit bös-li-cher List lau-ern-dem Blick
Bog. (nur die erste Hälfte der Pulte)
Hr. I. II. in F.
Fag.
K.B.
poco riten.
poco cresc.
(nur 2.)
pizz. p
sucht' er in sei-ner Mie-ne zu fin-den, was ihm die-ne. Tü-ckisch lauschend treff ich ihn

a tempo
Hr. I. in F.
Fag.
I.
(alle)
p cresc.
Viol.
II.
Bog.
pizz.
Br.
B.
B. Leise, flüsternd.
oft: der heimlich euch umgarnt, vor Melot seid gewarnt!
Vcl.
K.B.
Fag. I.
più p
dim.
ten.
Isolde.
Meinst du Herrn Melot?
O, wie du dich trügst! Ist er nicht Tristans treu-ester
get.
Klar. in B.
pp
I. (allein)
dolce
Freund? Muß mein Trau - ter mich mei - den, dann
(am Stege)

Klar. in B.
Baßkl. in B.
Fag.
I. Viol. II.
Br.
I.
weilt er bei Me-lot al - lein.
Brangäne.
B.
Was mir ihn verdächtig, macht dir ihn teuer! Von Tristan zu
alle Vclli zus.
Bog.
K.B.
Vcl.
cresc.
dim.
I. III. Hr. in F. II. IV.
più p
Klar. in B.
Baßkl. in B.
I. Viol. II.
poco cresc.
Br.
B.
Marke ist Me-lots Weg; dort sät er üb - le Saat. Die heut im Rat dies nächtli-che
Vcl.
K.B.
pizz.

I.
III.
Hr.
in F.
II.
IV.
Klar. II.
in B.
Baßkl.
in B.
Viol. II.
Br.
B.
Jagen so eilig schnell beschlossen, einem ed - lern Wild, als dein Wähnen meint, gilt ih - re Jä - gers -
Vcl.
Gr. Fl. II. III.
Hob.
p (zart)
Klar.
in B.
(zart)
Fag.
dolce
(allein)
I.
Hr.
in F.
IV.
Viol. II.
Br.
Isolde.
I.
Dem Freund zu lieb er - fand die - se List aus
B.
list.
Vcl.
pizz.

Gr. Fl. I.
p (zart)
Hob. I.
p (zart)
Klar. in B.
poco a poco cresc.
Fag.
poco a poco cresc.
poco a poco cresc.
Hr. in F. I. IV.
p cresc.
Viol. I. II.
p poco a poco cresc.
poco a poco cresc.
Br.
poco a poco cresc.
I.
Mit - leid Me - lot, der Freund. Nun willst du den Treu - en schel - ten?
Vcl.
Bog.
p poco a poco cresc.
K.B.
pizz.
p
Hob. I. II.
cresc.
f
Klar. in B.
cresc.
f
f
Engl. H.
f
Fag.
f
Hr. I. II. in F.
f
Baßkl. in B.
f
Viol. I. II.
p cresc.
f
molto cresc.
f p
cresc.
Br.
f p
cresc.
I.
Bes - ser als du sorgt er für mich; ihm öffnet er, was mir du sperrst.
Vcl.
f
p
cresc.
K.B.
pizz.
p
p
Bog.
cresc.

Gr. Fl. II. III.
Hob.
Klar. in B.
Engl. H.
Hr. in F.
Fag.
Baßkl. in B.
I. Viol. II.
Br.
I.
O spa - re mir des Zö - gerns Not! Das Zei - chen, Brangä-ne! O gib das
Vcl.
K. B.

Gr. Fl.
Hob.
Klar. in B.
Engl. H.
I. II.
Hr. in F. III.
IV.
Fag.
Baßkl. in B.
Pk.
I. Viol. II.
Br.
I.
Vcl.
K.B.
dim.
cresc.
pizz.
Zei - chen! Lö - sche des Lich - tes letz - - - ten Schein! Daß

Hob.
Klar. in B.
dim.
più p
Engl. H.
Fag.
Baßkl. in B.
I. II.
Hr. in F. III.
IV.
Pk.
tr
piu p
pp
I.
Viol.
II.
Bog.
Br.
Vcl.
K. B.
pizz.
ganz sie sich nei - ge, win - ke der Nacht.
Schon

I.II.
Hr in F. III.
IV.
I.
Viol.
II.
Br.
I.
goß sie ihr Schwei - - gen durch Hain
Vcl.
K.B.
più p
pp
I.II.
Hr. in F III.
IV.
I.
Viol.
II.
Br.
I.
und Haus, schon füllt sie das Herz mit
Vcl.
K.B.

I. II.
Hr. in F. III.
IV.
poco cresc.
I. Viol. II.
Br.
I.
won - - ni - gem Graus. O lö - - sche das Licht nun
Vcl.
K. B.
Gr. Fl. I. II
zu 2
Hob.
(allein)
p cresc.
Klar. in B.
Engl. H.
Hr. in F.
Fag.
Baßkl. in B.
I. Viol. II.
Br.
I.
aus, lö - - - sche den scheu - chen - den Schein!
Vcl.
K.B.

I.
Gr. Fl.
II.
Hob.
Klar. in B.
Engl. H.
Hr. in F.
Fag.
Baßkl. in B.
Pk.
I.
Viol.
II.
Br.
I.
B.
Vcl.
K.B.
ff
dim.
più f
mf
più p
p
f
pizz.
Bog.
Laß meinen Lieb - sten ein!
Brangäne.
O laß die warnende

zu 2
Gr.Fl.I.II.
Hob.
zu 2
Klar. in B.
zu 2
Engl. H.
Hr. in F.
Fag.
Baßkl. in B.
I.
Viol.
II.
Br.
B.
Zünde, laß — die Gefahr sie dir zei-gen! O we - - - -he! We - - - he!
Vcl.
K.B.

Ein wenig mäßiger
zu 2
Gr. Fl. I. II.
Hob.
Klar. in B.
Engl. H.
Hr. in F.
Fag.
Baßkl. in B.
Pos.
Ein wenig mäßiger
I.
Viol.
II.
Br.
B.
Ach mir Ar-men! Des un- -se-li-gen Tran-kes! Daß ich
Vcl.
K. B.
im Zeitmaß.
Fag.
im Zeitmaß.
I.
Viol.
II.
Br.
B.
un-treu ein-mal nur der Herrin Wil-len trog! Ge-horcht ich taub und blind, dein Werk
Vcl.
K. B.

Hob. II.
Klar. in B.
Engl. H.
Hr. IV in C.
(in C.)
Fag. I. II.
Baßkl. in B.
Pos.
I. Viol. II.
Br.
B.
Vcl.
pizz.
Bog.
p cresc.
cresc.
pp
war dann der Tod.
doch dei-ne Schmach, dei - ne
Hob.
Klar. in B.
Engl. H.
in F. Hr. in C.
Fag.
Baßkl. in B.
I. Viol. II.
Br.
B.
Vcl.
K.B.
più f
ff
schmäh - lich - ste Not, —
mein Werk
muß ich Schuld' - ge es

Wieder lebhafter im Zeitmaß.
Hob.
Klar. in B.
Engl. H.
Hr. in F.
(in F.)
Fag.
Baßkl. in B.
dim.
cresc.
Wieder lebhafter im Zeitmaß.
I. Viol. II.
Br.
molto cresc.
pizz.
Bog.
Isolde.
B. I.
wis-sen!
Dein Werk? O tör'-ge Magd!
Vcl.
K.B.
poco rallent.
Gr. Fl.
zart
I.III. Hr. in F II.IV.
(allein)
p zart
Hrfe.
poco rallent.
Frau Mi-ne kenn-test du nicht? Nicht ih-res

Ein wenig mäßiger als zuvor.
Gr. Fl. II. III.
Hob.
Klar. in B.
Engl. H.
Hr. in F.
I.
III.
II.
IV.
Fag.
Baßkl. in B.
Pos.
Ein wenig mäßiger als zuvor.
Viol.
I.
II.
Br.
I.
K. B.
più p
p dolce
p zart
zart
weich
Zau - bers Macht? Des kühn - sten Mu - tes

Gr. Fl.
Hob.
Klar. in B.
Engl. H.
Hr. in F.
I.
III.
II.
IV.
Fag.
Pos.
Hrfe.
Viol.
I.
II.
Br.
I.
Kö- ni-gin?
des Wel- tenwer- dens Wal- te-rin?
Vcl.
K. B.

Gr. Fl.
Hob.
Klar. in B.
Engl. H.
Hr. in F.
Fag.
Baßkl. in B.
Trp. II. III. in F.
Pos.
Pk.
Hrfe.
I.
Viol.
II.
Br.
I.
Vcl.
K.B.
p gut markiert
p zart
B. Sehr ruhig.
Le - - - - ben und Tod sind un - - - ter-tan
pizz.

Gr. Fl.
Hob.
p
Klar. in B.
Engl. H.
espress.
Hr. in F.
Fag.
Baßkl. in B.
Trp. II. III. in F.
Pos.
pp
Hrfe.
I.
Viol.
II.
più p
Br.
immer p
ihr, die sie webt aus Lust
Bog.
Vcl.
pizz.
K.B.

Hob.
p
Engl. H.
p dolce
Hr. in F.
p
allein
Trp. II. in F.
pp
Pos.
pp
Pk.
tr
Hrfe.
I.
Viol.
II.
Br.
zart
und Leid,
in
Lie - - - be
wan - - -
Vcl.
K.B.

Hob.
Klar. in B.
Engl. H.
Hr. in F.
Fag. II. III.
Trp. I. II. in F.
Pos.
Hrfe.
I. Viol. II.
Br.
I.
Vcl.
K.B.
p dolce
zu 2
f
fp
p
cresc.
- - delnd den Neid. Des To - des Werk, nahm ich's vermes-sen zur
Gr. Fl. I.
Hob. I.
Engl. H.
Hr. I. in F.
Fag.
Hrfe.
I. Viol. II.
Br.
I.
Vcl.
K.B.
pizz.
Bog.
Hand, - Frau Min - - - - ne hat es mei - - - ner

accel.
Sehr zurückhaltend.
Gr. Fl. I. II.
Hob.
Klar. in B.
Engl. H.
Hr. in F.
Fag.
Pos.
Pk.
Hrfe.
Viol. I.
Viol. II.
Br.
I.
Vcl.
K. B.
zu 2
dolce
p dolce
(in E)
pizz.
Bog.
cresc.
dim.
rallent.
Macht ent - wandt. Die Tod-geweihte nahm sie in Pfand, faßte das Werk in ih-re Hand.

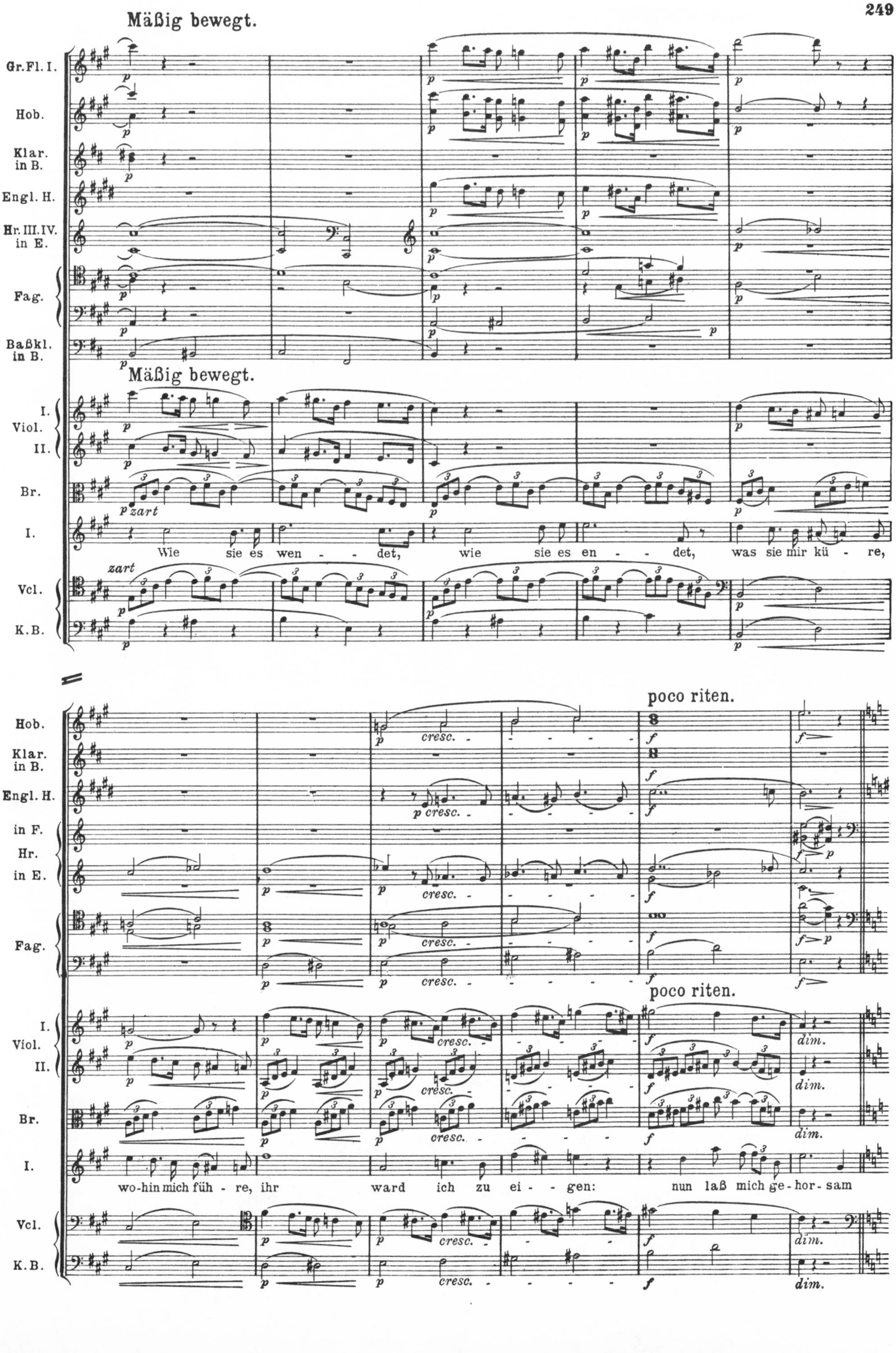

Mäßig bewegt.

Gr. Fl. I.
Hob.
Klar. in B.
Engl. H.
Hr. III. IV. in E.
Fag.
Baßkl. in B.

Mäßig bewegt.

I. Viol. II.
Br.
I.
Vcl.
K. B.

p *zart*

Wie sie es wen - det, wie sie es en - det, was sie mir kü - re,

Hob.
Klar. in B.
Engl. H.
in F. Hr. in E.
Fag.

poco riten.

I. Viol. II.
Br.
I.
Vcl.
K. B.

p *cresc.* *f* *dim.*

wo-hin mich füh - re, ihr ward ich zu ei - gen: nun laß mich ge-hor-sam

Lebhafter bewegt.
zu 2
Klar. in B.
Engl. H.
Hr. II. in F.
Fag.
Baßkl. in B.
Sehr bewegt.
I. Viol. II.
Br.
I.
zei - gen!
Brangäne.
B.
Und muß - te der Min - ne tük - ki-scher Trank des Sin - nes
Vcl.
K.B.
cresc.
zu 2
Klar. in B.
Hr. II. in F.
Fag.
Baßkl. in B.
I. Viol. II.
Br.
B.
Licht dir ver- lö-schen; darfst du nicht se - hen, wenn ich dich war - ne: nur
Vcl.
K.B.

Hob.
Klar. in B.
Engl. H.
Hr. in F.
I.
II.
III. IV.
Fag.
Baßkl. in B.
Pos. II. III.
Viol.
Br.
B.
Vcl.
K. B.
p cresc.
cresc.
f
dim.
zus.
heu - te hör, o hör mein Fle - hen! Der Ge - fahr leuch - ten - des Licht,
nur heu - te, heut! die Fa - ckel dort

Immer bewegter.
II. Hr. in F. III. IV.
Fag.
Baßkl. in B.
Immer bewegter.
I. Viol. II.
Br.
Isolde.
I.
Die im Bu - sen mir die Glut ent -
B.
lö - sche nicht!
Vcl.
K. B.
meno f
cresc.
sehr ausdrucksvoll
Hob.
Klar. in B.
Engl. H.
Hr. III. IV. in F.
più cresc.
molto cresc.
facht, — die mir das Her - ze bren - nen

Hob.
Klar. in B.
Engl. H.
in E.
Hr.
in F.
Fag.
Baßkl. in B.
Pk.
I.
Viol.
II.
Br.
I.
macht, die mir als Tag der See - - - le
Vcl.
K.B.
Hob.
immer f
Klar. in B.
Engl. H.
in E.
Hr.
in F.
Fag.
Baßkl. in B.
I.
Viol.
II.
Br.
I.
lacht, Frau Min - - - ne will: es wer - - de
Vcl.

Gr. Fl. I. II.
Hob.
Klar. in B.
Engl. H.
in E.
Hr.
in F.
Fag.
Baßkl. in B.
Pos.
B.T.
Pk.
I.
Viol.
II.
Br.
I.
(während sie auf die Fackel zueilt.)
Nacht, daß hell sie dor - ten leuch - te, wo sie dein Licht ver -
Vcl.
K.B.
ff
più f
dim.
f

B. Hauptzeitmaß.
zu 2
Gr. Fl. I. II.
Hob.
Klar. in B.
Engl. H.
in F
Hr. in F.
Fag.
Baßkl. in B.
B. Hauptzeitmaß.
I. Viol. II.
cresc.
cresc.
Br.
(sie nimmt die Fackel von der Tür.)
I.
scheuchte. Zur War-te du: dort wa-che treu! Die Leuch - - - te,
Vcl.
K.B.
zu 2
Gr. Fl. I. II.
Hob.
Klar. in B.
Engl. H.
Hr. in F.
Fag.
Baßkl. in B.
I. Viol. II.
Br.
I.
und wär's mei-nes Le-bens Licht, — la - - - chend sie zu lö-schen zag' ich
Vcl.
K.B.

Gr. Fl.
Hob.
Klar. in B.
Engl. H.
Hr. in F
Fag.
Baßkl. in B.
Trp. in F.
Pos.
B. T.
Pk.
I. Viol. II.
Br.
I.
Vcl.
K. B.
zu 2
(Sie wirft die Fackel zur Erde, wo sie allmählich verlischt.)
(Brangäne wendet
nicht!
B. Der Sandhaufen, auf welchen Isolde die Fackel wirft, muß so gelegt und so groß sein, daß Isolde ihn nicht zu suchen braucht.

Gr. Fl.
zu 2
Hob.
Klar. in B.
dim.
p
Engl. H.
p
Hr. in F.
p
dim.
Fag.
zu 2
dim.
dim.
Baßkl. in B.
p
Trp. in F.
più p
più p
Pos.
più p
più p
B.T.
più p
Pk.
tr
più p
pp
I.
Viol.
II.
più p
pp
Br.
più p
pp
sich bestürzt ab, um auf einer äußeren Treppe die Zinne zu ersteigen, wo sie langsam verschwindet.)
Vcl.
più p
pp
K. B.
più p
pp

Hob.
Klar. in B.
I. III.
Hr. in F.
II. IV.
II. allein
Fag.
Baßkl. in B.
Trp. III in F.
Pos.
B.T.
Pk.
Viol. II.
geteilt.
Br.
geteilt.
(Isolde lauscht und späht, zunächst schüchtern, in einen Baumgang.)
Vcl.
pizz.
pp
più p
e più p

Gr. Fl. I. II.
Hob.
Klar. in B.
Hr. II in F
Fag.
Baßkl. in B.
Viol. I.
Viol. II.
Br.
Vcl.
pp
p cresc.
cresc.
get.
pizz.
(Von wachsendem Verlangen bewegt schreitet sie dem Baum-
Hr. III. IV in F.
Viol.
gang näher und späht zuversichtlicher.)
Bog.
p dolce

Gr. Fl. I. II.
Hob.
Klar. in B.
Engl. H.
Hr. III. IV in F.
Fag. II. III.
I. Viol. II.
Br.
Vcl.
zu 2
cresc.
(Sie winkt mit einem Tuche, erst seltener,
Gr. Fl. I. II.
Hob.
Klar. in B.
Engl. H.
Fag. II. III.
I. Viol. II.
Br.
Vcl.
K. B.
dann häufiger, und endlich, in leidenschaftlicher Ungeduld, immer schneller.)
pizz.

zu 2
Gr. Fl. I. II.
Hob.
Klar. in B.
Engl. H.
Hr. in F.
Fag.
Pk.
Viol.
Br.
Vcl.
K. B.
cresc.
pizz.
Immer belebter.
Bog.
(Eine Gebärde des plötzlichen Entzückens sagt, daß sie den Freund in der Ferne gewahr

Hob.
Klar. in B.
Engl. H.
Hr. I. II in F.
Fag. I. II.
cresc.
f
I.
Viol.
II.
Bog.
Br.
geworden. Sie streckt sich höher, und, um besser den Raum zu übersehen, eilt sie zur Treppe zurück, von deren
Vcl.
K.B.
più f
oberster Stufe aus sie dem Herannahenden zuwinkt.)

Zweite Szene.

(Tristan und Isolde.)

I.
Gr.Fl.
II.
Hob.
zu 2
Klar.
in B.
Engl.H.
Hr.
in F.
Fag.
Baßkl.
in B.
Trp.
in F.
III
Pos.
B.T.
Pk.
I.
Viol.
II.
Br.
Isolde.
I.
Tri - - - - stan! Ge - lieb - - -
Tristan (stürzt herein.)
T.
I - sol - - - - de! Ge - lieb - - -
Vcl.
K.B.
più f

Kl. Fl.
I.
Gr. F.
II.
Hob.
Klar. in B.
Engl. H.
Hr. in F.
Fag.
Baßkl. in B.
Trp. in F.
Pos.
B. T.
Pk.
I.
Viol.
II.
Br.
I.
T.
Vcl.
K. B.
ff
zu 2
immer ff
cresc.
molto cresc.
ter!
te!
(Stürmische Umarmungen beider, unter denen sie in den Vordergrund gelangen.)

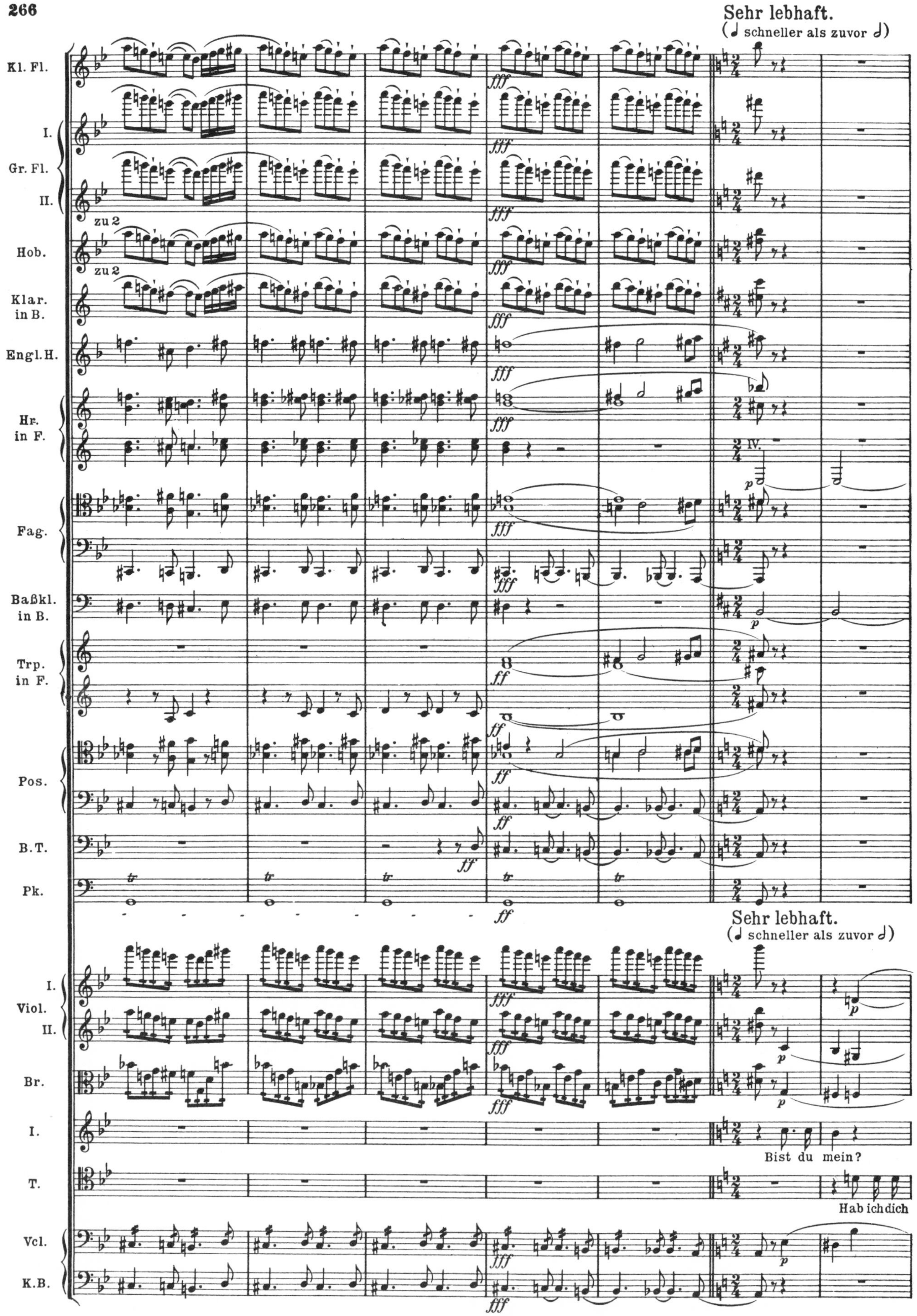
Sehr lebhaft.
(♩ schneller als zuvor 𝅗𝅥)
Kl. Fl.
I.
Gr. Fl.
II.
zu 2
Hob.
zu 2
Klar. in B.
Engl. H.
Hr. in F.
IV.
Fag.
Baßkl. in B.
Trp. in F.
Pos.
B. T.
Pk.
Sehr lebhaft.
(♩ schneller als zuvor 𝅗𝅥)
I.
Viol.
II.
Br.
I.
Bist du mein?
T.
Hab ich dich
Vcl.
K.B.

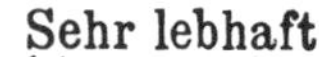

(Das Zeitmaß ist je nach dem feurigeren oder zärtlicheren Ausdruck gut zu motivieren.)
Hr. IV. in F.
Baßkl. in B.
I. Viol. II.
Br.
cresc.
sf p
I.
Darf ich dich fas-sen? End-lich! End-lich! Fühl ich dich wirk-lich?
T.
wie-der? Kann ich mir trau-en? An meiner Brust! Seh ich dich
Vcl.
K.B.
pizz.
Gr. Fl. I. II.
p dolce
Hob.
p zart
Klar. in E
Engl. H.
Fag.
II in F. Hr. IV in E.
in E
II. in F
zart
Dies dei-ne Au-gen? Hier dei-ne Hand? Bin ich's? Bist du's?
sel-ber? Dies dein Mund? Hier dein Herz? Bin ich's?
(nur 2)

accel. molto accel.
Gr. Fl. I. II.
zu 2
p molto cresc.
Hob.
p molto cresc.
Klar. in B.
molto cresc.
Engl. H.
molto cresc.
Fag.
molto cresc.
p molto cresc.
II.
in F.
Hr.
in E.
molto cresc.
p molto cresc.
Baßkl. in B.
p molto cresc.
Trp. I. II. in C.
Pk.
p cresc.
accel. molto accel.
I.
Viol.
II.
cresc.
Br.
I.
Halt ich dich fest?
Ist es kein Traum?
O
T.
Bist du's? Ist es kein Trug?
Ist es kein Traum?
O
Vcl.

(Die 𝅗𝅥 wie zuvor im 2/2.)
Gr.Fl.I.II.
Hob.
Klar. in B.
Engl.H.
I. in F.
Hr. II. in F.
III.IV. in E.
Fag.
Baßkl. in B.
Trp.I.II. in C.
Pk.
(Die 𝅗𝅥 wie zuvor im 2/2.)
I.
Viol.
II.
Br.
pizz.
B. Schrankenlos in Gebärde und Ausdruck.
I.
Won - - - - - - - ne der See - - le, o sü - ße, hehr - ste, kühn - ste, schön - ste,
T.
Won - - - - - - - ne der See - - le, o sü - ße, hehr - ste, kühn - ste, schön - ste,
Vcl.
K.B.
(alle)
Bog.

Hob.
Klar. in B.
in F. Hr. in E.
Fag. I. II.
I. Viol. II.
Br.
I.
T.
Vcl. u. K.B.
cresc.
p cresc.
Bog.
se-lig-ste Lust!
Ü - ber-rei - che!
E - wig!
se-ligste Lust!
Oh - ne Glei - che!
Ü - ber-se - lig!
E - wig!
II. allein
Gr. Fl. I. II.
zu 2
(get.)
Un - ge-ahn - te, nie ge - kann - te!
Ü - berschwäng - lich hoch er -

Gr. Fl. I. II.
Hob.
Klar. in B.
in F.
Hr.
in E.
zu 2
Fag.
III.
Trp. III. in C.
più f
meno f
I.
Viol.
II.
Br.
I.
Freu - de-jauch - - zen!
Him - - - mel - - höch - stes
T.
hab - - ne!
Lust - ent-zü - cken!
Him - mel-höch - stes
Vcl.
K.B.

Gr. Fl. I. II.
Hob.
Klar. in B.
in F.
Hr.
in E.
Fag.
Trp. III. in C.
Pk.
I.
Viol.
II.
Br.
I.
T.
Vcl.
K. B.
zu 2
più f
p cresc.
Welt - ent - rü - cken!

zu 2
Gr. Fl. I. II.
ff
Hob.
Klar. in B.
in F.
Hr.
in E.
Fag.
Trp. II. III. in C.
Pos.
Pk.
tr
f
I.
Viol.
II.
(get.)
Br.
I.
Mein!
Tri - - - stan mein!
T.
Mein!
I
Vcl.
K. B.

I. II.
Gr. Fl.
III.
zu 2
Hob.
zu 2
Klar. in B.
in F.
Hr.
in E.
Fag.
Trp. II. III. in C.
I.
Viol.
II.
Br.
I.
Tri - stan mein!
Mein und dein!
B. rasende Umarmungen.
T.
sol - - - de mein! I - sol - de mein!
Mein und dein!
Vcl.
K. B.
fp
più f
p
f
cresc.

Gr. Fl. III.
Hob.
zu 2
Klar. in B.
zu 2
in F.
Hr.
in E.
(nach F)
Fag.
Trp. I. II. in F.
p cresc.
f
più f
Pk.
p
cresc.
I.
Viol.
II.
Br.
ff
I.
E - - - - - - wig! Tri - stan mein, I - sol - de e - wig dein!
T.
E - - - - - - wig! I - sol - - de mein!
Vcl.
K. B.

Gr. Fl. III.
zu 2
Hob.
zu 2
Klar. in B.
Engl. H.
f
più f
Hr. I. II. in F.
Fag.
I. II. in F.
Trp.
III. in C.
p
cresc.
cresc.
Pos.
p cresc.
p cresc.
B. T.
p cresc.
Pk.
tr
p cresc.
I.
Viol.
II.
Br.
tr
I.
Tri - stan! Tri - stan! E - - - - - wig, e - - -
T.
I-sol - de! I-sol - de! E - - - - - wig, e - - -
Vcl.
K. B.

zu 2
I. II.
Gr. Fl.
III.
più f
ff
Hob.
Klar. in B.
Engl. H.
Hr. in F.
zu 2
Fag.
Baßkl. in B.
I. II. in F.
Trp.
III. in C.
Pos.
B. T.
Pk.
tr
(nicht get.)
I.
Viol.
II.
Br.
I.
wig
ein!
T.
Vcl.
K. B.

B. Von hier an ruhiger im Zeitmaß.
Gr. Fl.
Hob.
zu 2
Klar. in B.
Engl. H.
Hr. in F.
Fag.
Baßkl. in B.
II. in F.
Trp.
III. in C.
Pos.
B. T.
Pk.
dim.
B. Von hier an ruhiger im Zeitmaß, keine Umarmungen mehr.
I.
Viol.
II.
immer f
Br.
I.
Wie lan - - ge fern! Wie fern so lang!
T.
Wie weit so
Vcl.
K. B.

Gr. Fl.
Hob.
Klar. in B.
zu 2
Engl. H.
Hr. in F.
Fag.
Baßkl. in B.
Trp. III. in C.
Pos.
B. T.
I. Viol. II.
Br.
I.
O Freun - des-fein - din, bö - se Fer - ne! Trä - ger
T.
nah! so nah wie weit!
Vcl.
get.
K. B.

I.
Gr. Fl.
II.III.
Hob.
zu 2
Klar. in B.
Engl. H.
Hr. in F.
Fag.
Baßkl. in B.
Trp. I. II. in F.
Pos.
B. T.
Pk.
I.
Viol.
II.
Br.
I.
Zei - ten zö - gernde Län - ge!
T.
O Weit und Nä - he! hart ent -
Vcl.
K. B.

B. Etwas
I.
Gr. Fl.
II. III.
zu 2
Hob.
Klar.
in B.
Engl. H.
Hr.
in F.
Fag.
Baßkl.
in B.
Trp. I. II.
in F.
Pos.
B. T.
B. Etwas
I.
Viol.
II.
Br.
I.
Im Dun - kel
T.
zwei - te! Hol - de Nä - he! Ö - de Wei - te!
Vcl.
pizz.
Bog.
K. B.
pizz.
Bog.
ff
p
cresc.
f
dim.
sf

mäßiger im Tempo.
I. II.
Gr. Fl.
III.
Hob.
Klar. in B.
Engl. H.
Hr. in F.
zu 2
Fag.
Baßkl. in B.
Pos.
mäßiger im Tempo.
I.
Viol.
II.
a. d. G.
Br.
B. Sehr bitter. – Klagende, nicht große Bewegungen.
B. Tristan entfernt sich etwas von Isolde. –
I.
du, im Lich - - - te ich!
T.
Das Licht!
Das Licht!
Vcl.
pizz.
Bog.
K. B.

zu 2
I. II.
Gr. Fl.
III.
f
dim.
Hob.
dim.
p
Klar. in B.
p dolce
Engl. H.
Hr. in F.
nach E
cresc.
Fag.
Baßkl. in B.
Pos.
III. allein
Pk.
tr
piu p
I.
Viol.
II.
Br.
Heftige Bewegung.
T.
O dieses Licht, wie lang verlosch es nicht! Die Son - ne sank, der
pizz.
Vcl.
K. B.

Hob. I.
Klar. in B.
Engl.H.
III. in E.
Hr.
IV. in E.
Fag. I.II.
Baßkl. in B.
Pos. III.
Viol. II.
Br.
T.
Tag ver - ging, doch sei-nen Neid erstickt' er nicht: sein scheu - chend
Vcl.
K.B.
pizz.
Hob.
cresc.
dim.
zart
Zei - chen zün - det er an, und steckt's an der Lieb - sten Tü - re, daß nicht ich zu ihr
Bog.
(nur 2)
(alle)

Gr. Fl. I.
Hob. I.
Klar. in B.
Engl. H.
III. in E. Hr. IV. in E.
Fag. I. II.
Baßkl. in B.
I. Viol. II.
Br.
I.
T.
Vcl.
dim.
p dolce
get.
dolce
B. Sie nähert sich Tristan.
Doch der Lieb - sten Hand lösch - - - te das Licht; wes die
füh - re.
pizz.
Gr. Fl. I. II.
Hob.
K.B.
zu 2
cresc.
ausdrucksvoll
più p
Bog.
B. mit großem, freudigem Stolze.
Magd sich wehr - te, scheut ich mich nicht: in Frau Min - nes Macht und

zu 2
Gr. Fl. I. II.
Hob.
Klar. in B.
Engl. H.
in F.
Hr.
in E.
zu 2
zu 2
Fag.
Trp. III. in C.
Pos.
Pk.
Bog.
I.
Viol.
II.
pizz.
get.
Bog.
Br.
I.
Schutz bot ich dem Ta - ge Trutz!
Tristan.
B. etwas abseits von Isolden,
T.
Dem Ta - ge!
Vcl.
K. B.
cresc.
dim.

Heftig drängend im Zeitmaß.
zu 2
Gr. Fl.
III.
Hob.
Klar. in B.
Engl. H.
in F.
Hr.
in E.
Fag.
Baßkl. in B.
I. II. in F.
Trp.
III. in C.
Pos.
Pk.
Heftig drängend im Zeitmaß.
I.
Viol.
II.
Br.
heftige Bewegungen.
T.
dem Ta - - - ge! dem tük - - - - ki - schen Ta - - - ge, dem
Vcl.
K. B.

zu 2
Immer sehr schnell.
Gr. Fl.
Hob.
Klar. in B.
Engl. H.
in F.
Hr.
in E.
Fag.
Baßkl. in B.
Trp. I. II in F.
Pos.
Pk
più f
p cresc.
Immer sehr schnell.
I.
Viol.
II.
Br.
T.
här - te - sten Fein - de Haß und Kla - ge!
Vcl.
K. B.

Gr. Fl.
Hob.
Klar. in B.
Engl. H.
in F.
Hr.
in E.
Fag.
Baßkl. in B.
Trp I. II in F.
Pos.
Pk.
I.
Viol.
II.
Br.
T.
Wie du das Licht, o könnt ich die
Vcl.
K. B.
Hob.
Klar. in B.
Engl. H.
in F.
Hr.
in E.
Fag.
Baßkl. in B.
I.
Viol.
II.
Br.
T.
Leuch - - - te, der Lie - be Lei - den zu rä - chen, dem fre - chen Ta - ge ver - lö - schen!
Vcl.
K. B.

Sehr schnell.
Ein wenig
Kl. Fl.
Gr.Fl. I. II
zu 2
Hob.
Klar. in B.
Engl. H.
in F.
Hr.
in E.
zu 2
Fag.
Sehr schnell.
rallent.
I.
Viol.
II.
Br.
B. wieder näher zu Isolde.
T.
Gibt's ei-ne Not, gibt's ei-ne Pein, die er nicht weckt mit sei-nem Schein? Selbst in der
Vcl.
K. B.

Erste Bewegung.

zurückhaltend.

Gr. Fl. I.
Hob. I.
Klar. in B.
Engl. H.
in F. Hr. in E.
Fag.

Tempo I.

I. Viol. II.
Br.
T.

Nacht däm - mern-der Pracht hegt ihn Liebchen am Haus, streckt mir drohend ihn

Vcl.
K. B.

p — più p — zart — pizz. — Bog. — (get.) — mf — f — dim. — trem.

Gr. Fl. I.
Hob. I.
Klar. in B.
Engl. H.
I. in F. Hr. III. in E.
Fag. I. II.
I. Viol. II.
Br.

Isolde. B. dicht bei Tristan.

I.

Hegt' ihn die Lieb- ste am eig - nen Haus,

B. außer sich — auf Tristan zeigend.

im eig - - nen

T.

aus!

Vcl.
K. B.

p zart — p ausdrucksvoll — cresc. — pizz.

Sehr lebhaft.
poco riten.
Kl. Fl.
Gr. Fl. I. II.
Hob.
Klar. in B.
Engl. H.
Trp. I. II in F.
in F.
Hr.
in E.
Fag. I. II.
Baßkl. in B.
p cresc.
cresc.
Sehr lebhaft.
poco riten.
I.
Viol.
II.
Br.
pizz.
Bog.
I.
Her - zen hell und kraus hegt' ihn trot - zig einst mein Trau - - ter: Tri - stan, _
Vcl.
K. B.

a tempo
ausdrucksvoll

Hob. — *p* — *p* — *f* — *p* — *f*

Klar. II in B. — *p* — *f* — *p* — *f* — *p*

Engl. H. — *p* — *p* — *f* — *p* — *f* — *p*

Trp. I. II in F. — *f*

I. in F. / Hr. / III. IV in E. — *f* — *dim.* — *f dim.*

Baßkl. in B. — *p* — *p* — *f* — *p* — *f*

a tempo

Viol. I. — pizz. — *p* — Bog. — *fp* — *f* — *p*

Viol. II. — *p* — *fp* — *f* — *p*

Br. — pizz. Bog. — *p* — *p* — *fp* — *f* — *p*

I. — der mich be-trog! Wars nicht der Tag, der aus ihm log, als er nach Ir-land werbend

Vcl. — immer pizz. — *p* — *cresc.* — pizz. — *f* — *p* — *cresc.* — Bog. — *fp*

K. B. — *f* — Bog. — *fp*

Hob. — *p* *cresc.* — *f* — *più f* — ritenuto — *ff dim.* — *p*

Klar. in B. — *cresc.* — *f* — *più f* — *ff dim.* — *p*

Engl. H. — *f* — *più f* — *ff dim.* — *p*

Hr. in F. / in E. — *p* — *f* — *f dim.* — *f dim.*

Fag. — *f* — *più f* — *ff dim.* — *p*

Baßkl. in B. — *f*

ritenuto

Viol. I. — *cresc.* — *f* — pizz. — *f*

Viol. II. — *cresc.* — *f* — pizz. — *f*

Br. — *cresc.* — *f* — pizz. — *f*

I. — zog, für Mar-ke mich zu frei'n, dem Tod die Treu-e zu

Vcl. K. B. — *cresc.* — *f* — pizz. — *f*

a tempo
zu 3
zu 3
I.II.
Gr. Fl.
Hob.
Klar. in B.
Engl. H.
in F.
Hr.
in E.
Fag.
Baßkl. in B.
Trp. I. II in F.
Pos.
Pk.
ff
f
più f
f dim.
a tempo
Bog.
I.
Viol.
II.
Br.
I.
T.
Vcl. K. B.
weihn?
Tristan.
Der Tag! Der Tag, der dich um-gliß, da - hin, wo sie der

Gr.Fl.I.II.
Hob.
Klar. in B.
Engl. H.
in F. Hr. in E.
Fag.
Baßkl. in B.
Trp. I. II in F.
Pos.
Pk.
I. Viol. II.
Br.
T.
Vcl.
K. B.
B. wieder etwas weiter von Isolde
Son - ne glich, in höch-ster Eh-ren Glanz und Licht I - sol-den mir ent-rückt'! Was mir das

Gr. Fl. I. II.
Hob.
Klar. in B.
Engl. H.
Hr I. II in F.
Fag.
I. Viol. II.
Br.
T.
Vcl.
K. B.
zu 2
cresc.
dim.
pizz.
Au - ge so ent - zückt, mein Her - ze tief zur Er - - de drückt: in
Gr. Fl. I. II.
Hob.
Klar. in B.
Engl. H.
in F. Hr. in E.
Fag.
Baßkl. in B.
I. Viol. II.
Br.
T.
Vcl.
K. B.
zu 2
zart
III.
I. II.
più p
Bog.
(get.)
lich - tem Ta - ges Schein wie war I - sol - - de mein?

Gr.Fl.I.II.
Hob.
Klar. in B.
Engl.H.
Trp. I.II in F
in F. Hr. in E.
Fag.
Baßkl. in B.
I. Viol. II.
Br.
I.
Vcl.
K.B.
zu 2
cresc.
dolce
pizz.
Bog.
Isolde. B. Näher zu Tristan_ vorwurfsvoll.
B. Heftig.
War sie nicht dein, die dich er - kor?___ was log der bö - se

Gr.Fl. I.II.
Hob.
Klar. in B.
Engl. H.
in F.
Trp.
in D.
in F.
Hr.
in E.
Fag.
Baßkl. in B.
Pk.
I.
Viol.
II.
Br.
I.
Vcl.
K. B.
dim.
molto cresc.
zu 2
cresc.
in D.
dolce
Bog.
pizz.
Tag dir vor, daß, die für dich be - schie - den, die Trau - te du ver - rie - test?

I.
Gr. Fl.
II. III.
zu 2
Hob.
zu 2
Klar. in B.
Engl. H.
in F.
Hr.
in E.
Fag.
Baßkl. in B.
in F.
Trp.
in D.
Pos.
Pk.
I.
Viol.
II.
Br.
sehr feurig
stacc.
più f
Tristan.
T.
B. Zu Isolde gesprochen, ohne sie zu berühren.— Isolde horcht atemlos.
Was dich um - gliß mit hehr - ster—
Vcl.
K. B.

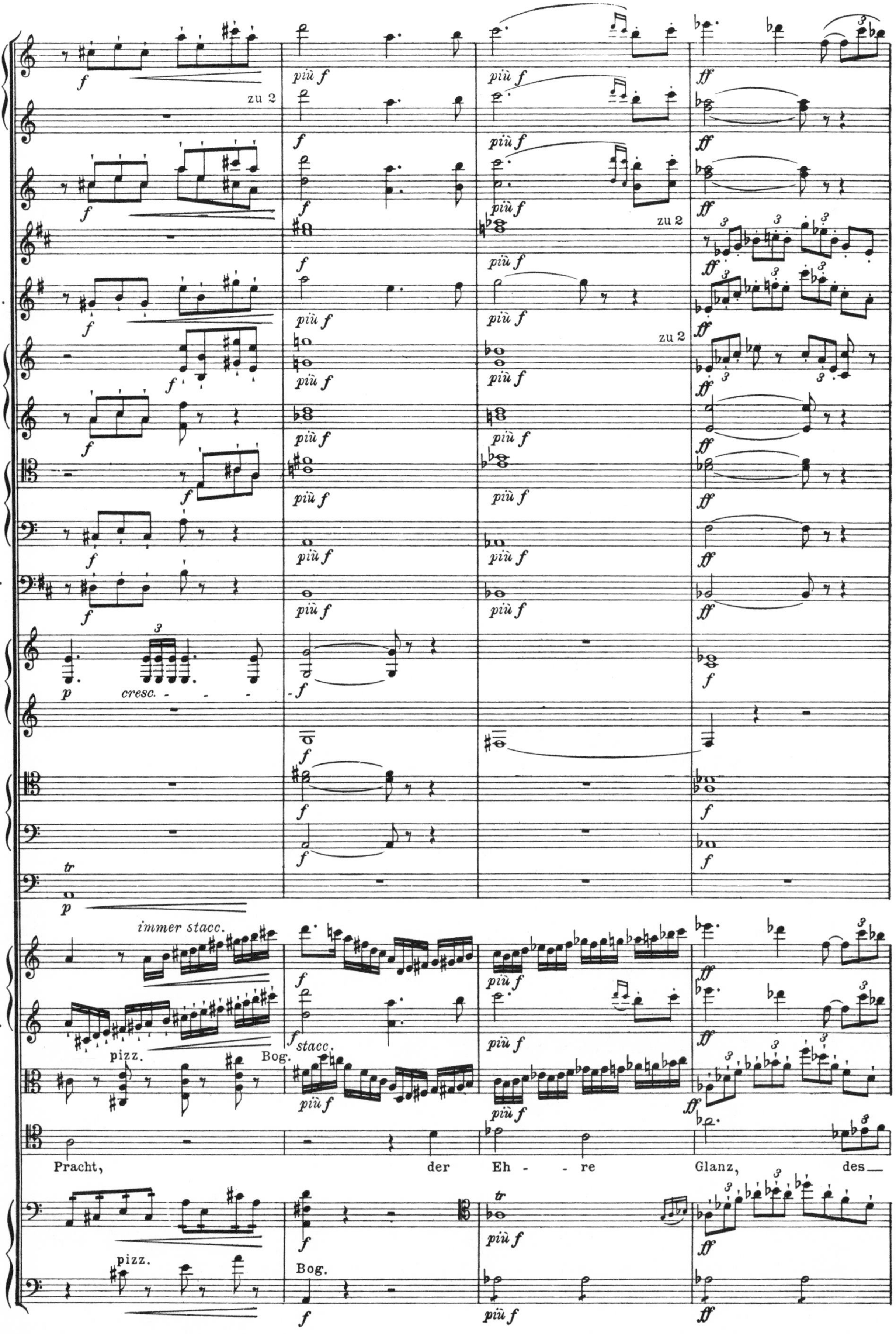
Gr. Fl.
Hob.
Klar. in B.
Engl. H.
in F.
Hr.
in E.
Fag.
Baßkl. in B.
in F.
Trp.
in D.
Pos.
Pk.
I.
Viol.
II.
Br.
T.
Vcl.
K. B.
zu 2
più f
ff
cresc.
immer stacc.
pizz.
Bog.
stacc.
tr
Pracht, der Eh - re Glanz, des

Gr. Fl.
Hob.
zu 2
Klar. in B.
Engl. H.
in F.
Hr.
in E.
p
cresc.
dim.
Fag.
Trp. I. II. in F.
Pos.
Pk.
f dim.
p
I.
Viol.
II.
pizz.
stacc.
p cresc.
più p
Br.
T.
Ruh - mes Macht, an sie mein Herz zu han-gen hielt mich der Wahn ge - fan - gen.
Vcl.
K. B.

Hob.
Klar. in B.
Engl. H.
Trp. I. II in F.
in F. Hr. in E.
Fag.
I. Viol. II.
Br.
T.
Vcl.
K. B.
zu 2
p cresc.
Bog. stacc.
pizz.
Bog.
Die mit des Schim-mers hell-stem Schein mir Haupt und Schei-tel licht be-
Gr. Fl.
zu 3
schien, der Wel-ten-Eh-ren Ta - - ges - Son-ne, mit ih-rer

zu 3
accelerando
Allmählich zurückhaltend.
Gr. Fl.
Hob.
Klar. in B.
Engl. H.
Trp. I in F.
in F.
Hr.
in E.
Fag.
Pos.
accelerando
rallent.
I.
Viol.
II.
Br.
T.
Vcl.
K. B.
più f
ff
dim.
mf
f
trem.
Strah - len eit - - ler Won - ne, durch Haupt und Scheitel drang mir

Hob.
Klar. I in B.
Engl. H.
I. in F. Hr. IV. in E.
Fag.
Baßkl. in B.
Pos.
I. Viol. II.
Br.
T.
Vcl.
K. B.
dim.
più p
p dolce
sempre più p
pp
(get.)
ein, bis in des Her-zenz tief-sten Schrein. Was
Hr. I in F.
Klar. in B.
Fag.
Baßkl. in B.
Hr. IV in E.
T.
Vcl.
dort in keu-scher Nacht dun-kel ver-schlos-sen wacht; was oh-ne Wiss' und Wahn ich
(nur noch 1 Vcl.)
(eine Hälfte)

Klar. in B.
più p
Hr. IV in E.
pp
Baßkl. in B.
più p
Br.
(get.)
pp
T.
däm-mernd dort emp-fahn: ein Bild, das mei-ne Au-gen zu
Vcl.
(ein Vcl.)
Alle (get.)
(nur zwei)
K. B.
Etwas belebend.
Hob. I.
pp dolce
poco cresc.
Gr. Fl. II.
Klar. I in B.
p poco cresc.
Hr. III in E.
I.
Fag.
p dolce
Baßkl. in B.
Etwas belebend.
schaun sich nicht ge-trau-ten, von des Ta-ges Schein be-
trem.
pizz.

Schnell belebend.
Gr.Fl. I.
Hob.
Klar. in B.
Hr. III in E.
Fag.
Baßkl. in B.
Pk.
Viol. I. II.
Br.
T.
Vcl.
K. B.
ausdrucksvoll
poco cresc.
p cresc.
più cresc.
un poco cresc.
(get.) trem.
pp
zus.
dolce
pizz.
Bog.
trof-fen lag mir's da schimmernd of - fen. Was mir so rühm - lich schien und hehr, das

Wieder ganz belebt.
Gr.Fl.I.
Hob.
Klar. in B.
Engl.H.
Trp.I.II in F.
in F.
Hr.
in E.
Fag.
Wieder ganz belebt.
I.
Viol.
II.
Br.
T.
rühmt ich hell vor al - lem Heer;
vor al - lem Vol - ke
Vcl.
Bog.
K. B.

Gr. Fl. I. II.
Hob.
Klar. in B.
Engl. H.
Trp. I. II. in F.
in F.
Hr.
in E.
Fag.
Pos. I. II.
Pk.
I.
Viol.
II.
Br.
T.
Vcl.
K. B.
zu 2
p cresc.
cresc.
più f
pries ich laut der Er - - - - de schön - - - - - ste Kö - - - - nigs -

Immer sehr lebhaft.
II. in F
Hr.
IV. in E
Fag.
Baßkl. in B.
Immer sehr lebhaft.
I.
Viol.
II.
Br.
kräftig gestoßen
T.
Braut. Dem Neid, den mir der Tag er - weckt; dem Ei - fer, den mein
Vcl.
stark gestoßen
K.B.
Hob.
zu 2
Klar. in B.
zu 2
Hr. II. in F.
Baßkl. in B.
I.
Viol.
II.
Br.
T.
Glü - - cke schreckt; der Mißgunst, die mir Eh - ren und Ruhm be-gann zu schwe-ren:
Vcl.
K.B.

Gr. Fl. I.
Hob.
Klar. in B.
Engl. H.
Trp. II. in F.
in F.
Hr.
in E.
Fag.
Baßkl. in B.
Pk.
I.
Viol.
II.
Br.
T.
Vcl.
K.B.
p cresc.
mf
pizz.
Bog.
stacc.
più f
de-nen bot ich Trotz, und treu be - schloß, um Ehr und Ruhm zu wah - ren, nach Ir - land ich zu

Sehr schnell.
zu 2
Gr. Fl.
più f
ff
Hob.
Klar. in B.
Engl. H.
Trp. I. II. in F.
cresc.
f
in F.
Hr.
in E.
zu 2
Fag.
Baßkl. in B.
Pos.
Pk.
Sehr schnell.
I.
Viol.
II.
Br.
Isolde.
I.
B. In heftigem Ausbruch; etwas nach rückwärts.
O eit - - - - - ler Ta - - gesknecht!
T.
fah - - - - ren.
Vcl.
K.B.

zu 2
Immer noch sehr bewegt.
Gr. Fl.
Hob.
sehr ausdrucksvoll
Klar. in B.
sehr aus-
p
Engl. H.
p
più p
Trp. I. II. in F.
in F.
Hr.
in E.
zu 2
Fag.
Baßkl. in B.
p
più p
Pos.
Immer noch sehr bewegt.
I.
Viol.
II.
ff
dim.
p
Br.
ff
dim.
p
B. Nach vorne.
I.
B. schmerzlich-zärtlich.
Ge - täuscht — von
Vcl.
ff
dim.
p
pizz.
Bog.

Gr.Fl. I.
Hob. I.
Klar. in B.
Engl.H.
Viol. I. II.
Br.
I.
Vcl.
drucksvoll
dim.
p dolce
cresc.
ihm, der dich — ge-täuscht, wie mußt ich lie-bend um dich lei - den, den, in des
Hob.
Hr. in F. in E.
zu 2
Fag. I. II.
K.B.
pizz.
ausdrucksvoll
Ta - ges fal - schem Pran-gen, von sei-nes Glei - ßens Trug be-fan-gen, dort, wo ihn

I.
Gr. Fl.
II.
Hob.
Klar. in B.
Engl. H.
in F.
Hr.
in E.
Fag. I. II.
I.
Viol.
II.
Br.
I.
Vcl.
K.B.
p cresc.
cresc.
ff
molto cresc.
sf
p
f
Lie - - - - - be heiß um-faß - - te, im tief-sten Her - - zen hell ich

ausdrucksvoll
Hob.
Klar. in B.
Engl.H.
Trp.I.II. in F.
in F.
Hr.
in E.
Fag.
Baßkl. in B.
I.
Viol.
II.
Br.
I.
haß - te.
Ach, in des
Vcl.
K.B.
Bog.
pizz.
Sehr lebhaft.
poco riten.
Gr. Fl. I.
molto cresc.
(in D)
Fag. I. II.
Her - - zens Grun - de, wie schmerz - - - te tief die Wun - - - - de!

a tempo
Gr. Fl. I. II.
Hob.
Klar. in B.
Engl. H.
in F. Hr. in D.
Fag.
Viol. I. II.
Br.
I.
Vcl.
K.B.
zu 2
p dolce
(in D.)
(in E)
cresc.
più f
dim.
pizz.
Bog.
Den dort ich heim - lich barg, wie dünkt' er mich so arg,
Hob.
Klar. in B.
Engl. H.
in F. Hr. in E.
Fag.
Baßkl. in B.
Viol. I. II.
Br.
I.
Vcl.
K.B.
molto cresc.
wenn in des Ta - ges Schei - ne der treu ge - heg - te Ei - ne der Lie - be Blik - ken

Hob.
Klar. in B.
Engl.H.
in F. Hr. in E.
Fag.
Baßkl. in B.
I. Viol. II.
Br.
I.
Vcl.
K.B.
zu 2
schwand, als Feind nur vor mir stand! Das als Ver - rä - - - ter dich mir
wies, dem Licht des Ta - - ges wollt ich ent - fliehn, dort-hin

Hob.
Klar. in B.
Engl. H.
in F.
Hr.
in E.
Fag.
Baßkl. in B.
Pos.
I.
Viol.
II.
Br.
I.
Vcl.
K.B.
f
dim.
p
f dim.
in die Nacht dich mit mir

Ein wenig mäßiger, doch immer noch bewegt.
I.
Gr. Fl.
II.
Hob.
Klar. in B.
Engl. H.
in F.
Hr.
in E.
Fag.
Pos.
Pk.
Ein wenig mäßiger, doch immer noch bewegt.
Viol. II.
Br.
I.
ziehn, wo der Täu - schung En - - - -
Vcl.
K.B.
p
dolce
dim.
più p
pp
pizz.

Gr. Fl. I. II.
Hob. I.
in F.
Hr.
in E.
Fag.
Pos.
I.
Viol.
II.
Br.
I.
Vcl.
K.B.
dim.
più p
pizz.
Bog.
- - - de mein Herz mir ver- hieß; wo des Trugs ge - ahn - - - ter
Etwas zurückhaltend.
Hob.
Klar. in B.
Engl. H.
Fag. I. II.
Baßkl. in B.
Pk.
trem.
(get.)
immer pp
pp dolce
(zart)
Wahn zer - - rin - ne; dort dir zu trin - - - ken ew' - - - - ge

Wieder weniger zurückhaltend.
zu 2
Hob.
Klar. in B.
Engl.H.
in F.
Hr.
in E.
Fag.
Baßkl. in B.
Wieder weniger zurückhaltend.
I.
Viol.
II.
Br.
I.
Min - ne, mit mir dich im Ver - ein wollt ich dem
Vcl.
K.B.
dolce
poco cresc.
cresc.
dim.
pizz.

Sehr belebend.
Hob.
dim.
più p
p
cresc.
f
Klar. in B.
p cresc.
Engl. H.
pp
in F.
Hr.
in E.
Fag.
Baßkl. in B.
molto cresc.
Pos.
pp
Pk.
tr
I.
Viol.
II.
Br.
(zus.)
p molto cresc.
B. Gebärde des Weihens.
To - - - - - - - - - de weihn.
Tristan.
T.
B. Nahe bei ihr, ohne sie zu berühren.
In dei - - ner
pizz.
Bog.
Vcl.
K.B.

*) „Tod" nicht wie in früheren Ausgaben „Trank."

I.
Gr. Fl.
II.
Hob.
più cresc.
più f
ff
Klar. in B.
Engl. H.
zu 2
in F.
Hr.
in E.
Fag.
cresc.
Baßkl. in B.
Pos.
p
sf
Pk.
f dim.
I.
Viol.
II.
Br.
T.
Ah - nung hehr und ge - wiß zeig - te was mir die Süh - ne ver - hieß:
Vcl.
K.B.

I.
Gr. Fl.
II.
Hob.
Klar. in B.
Engl. H.
in F.
Hr.
in E.
Fag.
Baßkl. in B.
Pos.
Pk.
I.
Viol.
II.
Br.
T.
Vcl.
K.B.
dim.
p
p cresc.
p (weich)
zu 2
cresc.
(Nur die zweite Hälfte)
(alle)
(get.)
trem.
pp
da er - däm - mer-te mild er - hab - - ner Macht im Bu - - - sen mir die Nacht; mein

Hob.
Klar. in B.
Engl. H.
in F. Hr. in E.
Fag.
Baßkl. in B.
I. Viol. II.
Br.
I.
T.
Vcl.
K.B.
zu 2
f dim.
p
fp
pizz.
Bog.
Isolde.
B. Sie nähert sich ihm. Keine Berührung; _ schmerzlich im Ausdruck.
Doch ach, dich täusch-te der fal- - sche Trank, daß dir von
B. etwas weg von ihr.
Tag war da voll-bracht.
sf
Hr. III. IV. in E.
Pos.
cresc.
Etwas zögernd.
(get.) trem.
poco cresc.
neu-em die Nacht ver-sank: dem ein- - zig am To- - de lag, den gab er wie-der dem
(Bog.)
(get.)
pizz.
pp

Sehr belebt.
Hob.
Klar. in B.
Engl. H.
in F. Hr. in E.
Fag.
Trp. II. in F.
Pos.
Pk.
Sehr belebt.
I. Viol. II.
Br.
I.
T.
zu 2
molto cresc.
cresc.
Tag!
Tristan.
B. etwas zurücktretend mit großer Gebärde.
O Heil dem Tran - ke! Heil seinem
Vcl.
K.B.
(zus.)
pizz.
Bog.
Fag. I. II.
Saft! Heil sei - nes Zau - bers

Hob.
Klar. in B.
Engl. H.
in F.
Hr.
in E.
Fag.
Trp. I. II. in F.
Pos.
Pk.
I.
Viol.
II.
Br.
T.
Vcl.
K.B.
ff
dim.
p
cresc.
f
pp (weich)
tr
p (sehr weich)
p (weich)
heh - - - rer Kraft! Durch des To - - - des
pizz.

Gr.Fl.I.
p dolce
p
Hob.
p
p
p
Klar. in B.
dolce
dolce
Engl.H.
p
p
Hr.III.IV. in E.
p dolce
Fag.III.
p
Pos.
p
pp
p
pp
Pk.
tr
pp
I.
Viol.
II.
p dolce
pp
p
Br.
p
T.
Tor, wo er mir floß, weit und of - - - - -
Vcl.
p
pizz.
K.B.

Gr.Fl.I.
Hob.
Klar. in B.
Engl.H.
I. in F.
Hr. II. in Es.
III. IV. in E.
Fag.
Baßkl. in B.
Pos.
Pk.
I.
Viol.
II.
Br.
T.
Vcl.
K.B.
II. in Es.
I.
p (weich)
piu p
p dolce
p
tr
pizz
Bog.
pp dolce
pizz.
- fen er mir er - schloß, dar - in ich sonst nur träu - - mend ge -

Hob.
Klar. in B.
Engl. H.
I. in F.
Hr. II. in Es.
III. IV. in E.
Fag.
Baßkl. in B.
Hrfe.
Viol. I.
II.
Br.
T.
Vcl.
K.B.
zu 2
pizz.
Bog.
cresc.
dim.
wacht, das Won - ne - reich der Nacht. Von dem Bild in des

Immer mehr belebend.
accelerando
Gr.Fl.I.
Hob.
Klar. in B.
Engl.H.
I. in F.
Hr. III. in E.
IV. in E.
Fag.
Baßkl. in B.
I.
Pos. II.
III.
Pk.
Hrfe.
Immer mehr belebend.
Bog. accelerando
pizz. (get.)
(get.)
(nicht get.)
trem.
I.
Viol. II.
Br.
T.
Her - zens ber - gendem Schrein scheucht' er des Tages täuschenden Schein, daß nachtsichtig mein Au - ge
Vcl.
K.B.
pizz.

a tempo (Lebhaft) *B. ruhig beginnen.*

Gr. Fl. I. — *molto cresc.* — *f* — *p*

Hob. — *f* — *p* — *p* (ausdrucksvoll) *molto cresc.*

Klar. in B. — *f* — *p* — *cresc.* — *f*

Engl. H. — *f* — *p* — *p* (ausdrucksvoll) *molto cresc.*

Hr. I. in F. — *cresc.* — *f* — *p* — *molto cresc.* — *f*

Hr. II. in F. — in F. — *p* — *molto cresc.* — *f*

Hr. III. in E. — *f*

Hr. IV. in E. — *cresc.* — *f*

Fag. — *cresc.* — *f* — *p* — *cresc.* — *fp*

Pos. — *p cresc.* — *mf*

Pk. — *poco cresc.*

Lebhaft. *B. ruhig beginnen.* Immer lebhafter.

Viol. I. — *cresc.* — *p espress.* — *cresc.* — *f*

Viol. II. — *f* — *p* — *fp* — *cresc.*

Br. — *f* — *p* — *cresc.* — *fp* — *cresc.*

B. Isolde nähert sich Tristan, mit schmerzlich bittern Gesten.

Isolde.

I. — Doch es räch - te sich der ver-

T. — *dim.* — wahr ___ es zu se - - - hen tau - - - ge.

Vcl. — *f* — *p* — *cresc.* — *fp*

K.B. — *f* — *p* — *cresc.* — *fp* — *cresc.*

Hob.
Klar. in B.
Engl. H.
I. in F.
II. in F.
Hr.
III. in E.
IV. in E.
Fag.
Baßkl. in B.
Pos.
Pk.
Viol.
Br.
Vcl.
K.B.
dim.
cresc.
dolce
pizz.
Bog.
scheuch - - - te Tag; mit deinen Sün - den Rats er pflag: was dir ge - zeigt die

Gr.Fl.I.II.
Hob.
Klar. in B.
Engl.H.
I.in F.
II.in F.
Hr.
III.in E.
IV.in E.
Fag.
Baßkl. in B.
Pos.
I.
Viol.
II.
Br.
I.
Vcl.
K.B.
cresc.
pizz.
däm - mern - de Nacht, an des Tag - - - Ge - stir - - - nes Kö - nigsmacht

Sehr schnell.
Viel langsamer werdend.
zu 2
Gr.Fl.I.II.
Hob.
Klar. in B.
Engl.H.
I.in F.
II.in F.
Hr.
III.in E.
IV.in E.
Fag.
Baßkl. in B.
Trp.I.II. in F.
Pos.
Pk.
Sehr schnell.
Viel langsamer werdend.
Bog.
pizz.
I.
Viol.
II.
Br.
schleppend
I.
muß - test du's über - ge - hen, um ein - - - sam in ö - - -
Vcl.
K.B.

Wieder lebhaftes Zeitmaß.
Hob.
Klar. in B.
Engl.H.
I. in F.
Hr. II. in F.
III. in E.
Fag. I. II.
Baßkl. in B.
Trp. I. II. in F.
Pos. III.
Pk.
Wieder lebhaftes Zeitmaß.
I.
Viol.
II.
Br.
I.
- der Pracht schimmernd dort zu le - ben. Wie er-trug ich's nur?
Vcl.
K.B.

Gr.Fl.
Hob.
Klar. in B.
Engl.H.
in F.
Hr.
in E.
Fag.
Baßkl. in B.
Trp.I.II. in F.
Pos.
I.
Viol.
II.
Br.
I.
T.
Vcl.
K.B.
f
ff
molto cresc.
p molto cresc.
dim.
p
Sehr feurig.
Bog.
stacc.
trem.
B. Mit großer Gebärde.
Wie er - trag ichs noch?
B. Gesteigerte begeisterte Annäherung an Isolde; sie folgt seinen Worten mit lebhaftem Mienenspiel.
Tristan.
O nun waren wir Nacht - ge - weih - te!
(get.)

Gr.Fl.
Hob.
(sehr ausdrucksvoll)
Klar. in B.
Engl.H.
in F.
Hr.
in E.
Fag.
Baßkl. in B.
Pos.
I.
Viol.
II.
Br.
T.
Der tückische Tag, der Neid-be-rei-te, tren - nen konnt uns sein Trug, doch nicht mehr täu - schen sein
Vcl.
K.B.
cresc.
pizz.
(nur 2)

Gr. Fl. II. III.
Hob. I.
Klar. in B.
Hr. II. in F.
Viol. I. II.
pizz.
Bog.
Br.
pizz.
T.
Lug! Sei-ne eit - - le Pracht, sei - nen prah - - lenden
Vcl.

Gr. Fl.
dim.
Hob. I.
Klar. in B.
dim.
Engl. H.
Hr. II. in F. III. in E.
dim.
Fag. I. II.
Viol. I. II.
Br.
T.
Schein ver - lacht, wem die Nacht den Blick ge - weiht:
pizz.
Vcl.

Gr.Fl.
Hob.
Klar. in B.
Engl.H.
III.in E. Hr. IV.in E.
Fag.
I. Viol. II.
Br.
T.
Vcl.
cresc.
pizz.
Bog.
seines flak - kernden Lich - tes flüch - ti - ge Blit - ze blen - - - - den uns nicht mehr.
zu 2
piu p
p espress.
Hr. III. in E.
Fag. I.
Pk.
K.B.
trem.
(get.)
poco cresc.
Wer des To - des Nacht lie - bend er - schaut, wem sie ihr

accel.
Gr. Fl.
pp
Hob.
II.
zu 2
p
sf
Klar. in B.
Engl. H.
Hr. III. IV. in E.
Fag. I. II.
I.
più p
Pos.
p (sehr weich)
pp
Hrfe.
Viol.
T.
tief Ge-heim-nis ver-traut: des Ta-ges: Lü-gen, Ruhm und Ehr, Macht und Ge-
Vcl.
pizz.
Bog.
K.B.
Br.

Hob.
Klar. in B.
Engl. H.
in Es.
Hr.
in E.
Fag.
Baßkl. in B.
Pos. I. II.
Pk.
I.
Viol.
II.
Br.
T.
Vcl.
K.B.
fp
sf
dim.
II.
p
più p
(in Es)
pp
cresc.
f dim.
(get.)
B. Umarmung.
winn, so schimmernd hehr, wie eit-ler Staub der Son-nen sind sie vor dem zer-sponnen!
p cresc.
f
pizz.
Bog.

(sehr ausdrucksvoll)
accel.
Hob.
pp
cresc.
molto cresc.
Klar. in B.
p
Engl. H.
(in F)
in F.
Hr.
in E.
Fag.
Baßkl. in B.
(auf dem G)
I.
Viol.
II.
trem.
Br.
T.
In des Ta-ges eit - lem Wäh - nen bleibt ihm ein ein - zig Seh -
Bog.
Vcl.
K.B.
molto

Etwas gedehnt.
Gr.Fl.I.
Hob.
Klar. in B.
Engl.H.
in F.
Hr.
in E.
Fag.
Baßkl. in B.
Etwas gedehnt.
I.
Viol.
II.
Br.
T.
nen,_ das Seh-nen hin zur heil'-gen Nacht, wo ur-e-wig, ein--zig wahr
Vcl.
K.B.
ff (sehr gebunden)
dim.
cresc.

Langsamer, und allmählich immer langsamer.
Gr.Fl.I.
Hob.
Klar. in B.
Engl.H.
in F.
Hr.
in E.
Fag.
Baßkl. in B.
Pos.
Pk.
Hrfe.
Langsamer, und allmählich immer langsamer.
I.
Viol.
II.
Br.
T.
Vcl.
K.B.
dim.
più p
p dolce
pp
dolce
pp (weich)
trem.
(1. Hälfte)
(eine Bratsche allein)
B. Isolde umfangend.
(Tristan zieht Isolde sanft zur Seite auf eine
Lie - bes-won - ne ihm lacht!

Hob.
piu p
pp
sf
Klar. I. in B.
dim.
Engl. H.
sf
p
I. in F.
(allein)
Hr.
III. IV. in E.
III. +
piu p
Fag.
piu p
pp
Baßkl. in B.
piu p
pp
Pk.
tr
pp
Hrfe.
pp
I.
Viol.
II.
p
piu p
p piu p
Br.
(alle Br.)
sf
p
Blumenbank nieder, senkt sich vor ihr auf die Knie und schmiegt sein Haupt in ihren Arm.)
B. Isolde zieht ihn an sich.
Vcl.
K.B.
pizz.

Klar. I. in B.
I. in F.
Hr.
III. in E.
IV. in E.
Baßkl. in B.
Viol. I.
Viol. II. (get.)
Vcl. (get.)
p
più p
dim.
pp dolce
pp
ppp
(nur 1 Vcl.)
(alle andern)
Mäßig langsam. B. ja nicht schleppen.
I. in F
II. in F
Hr.
III. in E
IV. in E
Viol. I.
Viol. II. (get.)
Br. (get.)
T.
Vcl. (get.)
(mit Dämpfern)
Tristan.
Alle
O

I.
Klar. in B.
II.
(sehr weich)
pp
poco cresc.
in F.
in F.
Hr.
in E.
in E.
Fag.
Baßkl. in B.
Viol. I. (get.)
Viol. II. (get.)
Br. (get.)
Isolde.
I.
O sink her-nie-der, Nacht der Lie-
T.
sink her-nie-der, Nacht der Lie-be,
gib Ver-ges-
Vcl. (get.)

Klar. in B.
Hr.
in F.
in F.
in E.
in E.
Fag.
Baßkl. in B.
Viol. I. (get.)
Viol. II. (get.)
Br. (get.)
I.
T.
Vcl. (get.)
dim.
poco cresc.
più p
pp
be, gib Ver-ges - sen daß ich le - - - be; nimm mich auf
- sen daß ich le - - - be, nimm mich auf in dei - nen Schoß,

B. Hauptzeitmaß.
Hob. I.
Klar. in B.
Engl. H.
in F.
in F.
Hr.
in E.
in E.
Fag. I. II.
Baßkl. in B.
pp (zart)
pp (zart)
pp (zart)
pp (zart)
pp
B. Hauptzeitmaß.
Viol. II. (get.)
Br. (get.)
B. beruhigend, ersterbend.
I.
— in dei - nen Schoß, lö - se von der Welt mich los!
T.
lö - se von der Welt mich los! Ver - lo - schen nun die
Vcl. (get.)

Gr. Fl. I.
p (zart)
più p
pp
I.
Hob.
II.
pespress.
pp
più p
Klar. in B.
pp
Engl. H.
Hr. III. in E.
Fag. I. II.
Baßkl. in B.
pp (zart)
(nur 2)
(mit Dämpfern)
Viol. I. (get.)
(alle übrigen)
(mit Dämpfern)
Viol. II. (get.)
Br. (get.)
I.
was wir dach - ten, was uns däuch - te;
T.
letz - - te Leuch - te;
all Ge-
(mit Dämpfern)
Vcl.

Gr.Fl.I.
Hob.
Klar. in B.
Engl.H.
I.in F.
II.in F.
Hr.
III.in E.
IV.in E.
I. II.
Fag.
III.
Baßkl. in B.
Pk.
Viol.I. (get.)
Viol.II. (get.)
Br. (get.)
I.
T.
Vcl.
K.B.
p poco cresc.
poco cresc.
espress.
immer pp
(mit Dämpfer)
Bog. pp
all Ge-mah - nen, heil' - ger Dämm - rung
den - - ken, heil' - ger Dämm - rung heh - res

Breiter.
I. II.
Gr. Fl.
III.
Hob.
Klar. in B.
Engl. H.
in F.
in F.
Hr.
in E.
in E.
Fag.
Baßkl. in B.
Pk.
poco f
p
cresc.
molto cresc.
molto
ff
tr
Breiter.
(ohne Dämpfer)
Viol. I. (get.)
(nur 4)
(ohne Dämpfer)
(alle übrigen)
pp
Viol. II. (get.)
Br. (get.)
I.
hehres Ahnen löscht des Wähnens Graus welt-
T.
Ahnen löscht des Wähnens Graus welt-er-lö-
trem.
Vcl.
K.B.
molto cresc.
pp

Sehr breit und zurückhaltend.
Wieder mäßig langsam.
Gr. Fl.
Hob.
Klar. in B.
Engl. H.
Hr
in F.
in F.
in E.
in E.
Fag.
Baßkl. in B.
dim.
p
più p
dolce
Sehr breit und zurückhaltend.
Wieder mäßig langsam.
Sehr ruhig.
Viol. I. (get.)
Viol. II. (get.)
Br. (get.)
I.
T.
Vcl.
K. B.
riten.
ruhig
pp
- - er-lö- - - - send aus.
Barg im Bu- - sen uns sich die Son- - ne,
- - - send aus.

II. in F.
Hr.
IV. in E.
Fag. I. II.
Viol. I.
(Wieder mit Dämpfern)
dolce
Viol. II. (get.)
immer p
Br. (get.)
I.
leuch - ten la - chend Ster - ne der Won - ne.
T.
Von dei - nem Zau - ber sanft_ um - spon - nen, vor
Vcl.
pp
Hob. I.
p dolce
Klar. I. in B.
p dolce
II. in F.
Hr.
IV. in E.
Fag. I. II.
Viol. I.
dolce
Viol. II. (get.)
Br. (get.)
I.
Herz an Herz_ dir, Mund an Mund;
T.
dei - nen Au - gen süß zer - ron - nen; ei - nes A -
Vcl.

Hob. I.
Klar. in B.
I. II. in F. Hr. III. IV. in E.
Fag. I. II.
Viol. I.
Viol. II. (get.)
Br. (get.)
I.
T.
Vcl.
bricht mein Blick sich wonn - er-blin - det, er-bleicht die Welt mit ih - rem
- tems ein' - ger Bund; bricht mein Blick sich wonn - er - blin - det, er-bleicht die Welt
Engl. H.
Baßkl. in B.
Blen - den: die uns der Tag trü-gend er - hellt, selbst
mit ih - rem Blen-den: zu täu-schendem Wahn entge - gen-ge - stellt,
pizz.
p dolce
più p
pp
dim.
cresc.

accel.
Erstes Tempo.
Gr.Fl.I.II.
Hob.
Klar. in B.
Engl.H.
Hr.
in F.
in E.
zu 2
Fag.
Baßkl. in B.
Pos.
Pk.
Hrfe
cresc.
dim.
(ohne Dämpfer)
Viol.I.
Viol.II. (get.)
Br. (get.)
trem.
I.
dann bin ich die Welt: Won - ne -
T.
selbst dann bin ich die Welt: Won - ne -
Vcl.
K.B.
pizz.
Bog.

I. Gr.Fl. II.

Hob.

Klar. in B.

Engl.H.

Hr. in F. in F. in E. in E.

Fag.

Baßkl. in B.

Pos.

Pk.

Hrfe

I. Viol. II. (ohne Dämpfer)

Br.

I. hehr - - - - - stes We - - - - - - - - - - - ben,

T. hehr - - - - - - stes We - - - - - - - - - - - ben,

Vcl.

K.B. pizz.

p *più p* *pp* *p dolce* *cresc.* *molto cresc.*

(sehr ausdrucksvoll)
rallent. - a tempo
I.
Gr. Fl.
II. III.
Hob.
(sehr ausdrucksvoll)
Klar. in B.
(sehr ausdrucksvoll)
Engl. H.
I. II. in F.
Hr.
III. IV. in E.
IV. (allein)
Fag.
Baßkl. in B.
Pos.
B. T.
Pk.
Hrfe
rallent. - a tempo
Viol. I. (get.)
Viol. II. (get.)
Br. (get.)
trem
I.
Lie - be - hei - ligstes Le - - - - ben, Nie - wie - der - er - - wa - - - - chens
T.
Lie - be - hei - ligstes Le - - - - ben, Nie - wie - der - er - - wa - - - - chens
Vcl. (get.)
pizz.
Bog.
K. B.

Klar. in B.
in F. Hr. in E.
Fag.
Baßkl. in B.
Hrfe
Viol.I. (get.)
Viol.II. (get.)
Br. (get.)
I.
B.
T.
Vcl. (get.)
ppp
(mit Dämpfern)
p
più p
pp
ersterbend
wahn- -los hold be-wußter Wunsch.
(Tristan und Isolde versinken wie in gänzliche Entrücktheit, in der
Brangäne
(von der Zinne her, unsichtbar.)
Ein-
2.Hälfte
Klar. in B.
in F. Hr. in E.
Fag.
Baßkl. in B.
Hrfe
Viol.I. 2.Hälfte
Viol.II. 2.Hälfte
Br. 2.Hälfte
B.
Vcl. 2.Hälfte
poco cresc.
sie, Haupt an Haupt auf die Blumenbank zurückgelehnt, verweilen.)
-sam wa- -chend in

Hob. I.
Klar. in B.
I. in F.
II. in F.
Hr.
III. in E.
IV. in E.
Fag.
Baßkl. in B.
Hrfe
2 I. Viol.
Viol. I. 2. Hälfte
Viol. II. 2. Hälfte
Br. 2. Hälfte
B.
Vcl. 2. Hälfte
pp
dim.
(ohne Dämpfer)
p (sehr zart und ausdrucksvoll)
e più p
— der Nacht, wem

Gr. Fl. I.
Hob. I.
Klar. in B.
in F.
in F.
Hr.
in E.
in E.
Fag.
Baßkl. in B.
Hrfe
2 I. Viol.
2 II. Viol.
(ohne Dämpfer)
p (sehr zart und ausdrucksvoll)
Viol. I. 2. Hälfte
Viol. II. 2. Hälfte
Br. 2. Hälfte
B.
der
Traum
der
Vcl. 2. Hälfte
pp

Gr. Fl. I.
Hob. I.
Klar. in B.
I. in F.
Hr.
III. in E.
Fag.
Baßkl. in B.
Hrfe
2 I. Vl.
2 II. Vl.
2 II. Vl.
Viol. I. 2. Hälfte
Viol. II. 2. Hälfte
1. Hälfte
Br.
2. Hälfte
B.
Vcl. 2. Hälfte
più p
ppp
pp
immer pp
(ohne Dämpfer)
p ausdrucksvoll
Lie - - - - - - - - - - be
lacht,

Gr. Fl. I.
Klar. in B.
I. in F.
Hr.
III. in E.
IV. in E.
ppp
Fag.
Hrfe
(ohne Dämpfer)
2 I. Vl.
p ausdrucksvoll
dim.
2 I. Vl.
p
dim.
2 II. Vl.
dim.
più p
2 II. Vl.
Viol. I. 2. Hälfte
Viol. II. 2. Hälfte
1. Hälfte
Br.
2. Hälfte
(gesteigert)
B.
hab
der
Vcl. 2. Hälfte

Gr. Fl. I.
Klar. in B.
Hr. IV. in E.
Fag.
Hrfe
2 I. Vl.
più p
2 I. Vl.
ausdrucksvoll
p
2 II. Vl.
p
dim.
pp ruhig
2 II. Vl.
p
dim.
p ausdrucksvoll
Viol. I. 2. Hälfte
Viol. II. 2. Hälfte
1 Br. (allein)
(ohne Dämpfer)
p ausdrucksvoll
1. Hälfte
Br.
2. Hälfte
B.
Ei- - - - - - - - - - - - - nen
Ruf
(ohne Dämpfer)
1. Hälfte
Vcl.
2. Hälfte
pp
pp
(nur 2)
K.B. I. II.
Bog. pp

Gr.Fl.I.
Hob.I.
Klar. in B.
Hr. IV. in E.
Fag.
Hrfe
2 I.Vl.
2 I.Vl.
2 II.Vl.
2 II.Vl.
Viol.I. 2.Hälfte
Viol.II. 2.Hälfte
1 Br. (allein)
1.Hälfte Br. 2.Hälfte
B.
1.Hälfte Vcl. 2.Hälfte
I. II. K.B. III. IV.
morendo
p sehr zart und ausdrucksvoll
ppp
immer pp
dim.
pp
pp ruhig
p
immer
in
acht,
die
den
(der III. und IV. Kontrabaß muß die E-Saite bis Cis heruntergestimmt haben.)
Bog.

Gr. Fl. I.
Hob. I.
più p
ausdrucksvoll
Klar. in B.
Engl. H.
(gestopft)
III. in Es.
Hr.
IV. in E.
Fag.
Baßkl. in A.
Hrfe
(ohne Dämpf.)
1 I. Vl. (allein)
p dolce
2 I. Vl.
sehr ruhig
2 II. Vl.
ausdrucksvoll
dim.
sehr ruhig
Viol.
nur noch 2
morendo
1 Br. (allein)
1. Hälfte
Br.
2. Hälfte
B.
Schlä - - fern Schlim - - - - mes ahnt,
(ohne Dämpf.)
1 Vcl. (allein)
espress.
1. Hälfte
Vcl.
2. Hälfte
K.B.

Hob.I.
Klar. in B.
I. in F. Hr. III. in Es.
Fag.
Baßkl. in A.
Hrfe
poco cresc.
1 I.Vl. (allein)
ausdrucksvoll
dim.
2 I.Vl.
ausdrucksvoll
dim.
2 I.Vl.
morendo
2 II.Vl.
morendo
2 II.Vl.
ruhig
morendo
1 Br. (allein)
Br. 1.Hälfte
B.
ban - - - - - - - - ge zum Er -
1 Vcl. (allein)
Vcl. 1.Hälfte
I.II. K.B. III.IV.

Sehr ruhig.
zu 2
Gr. Fl. I. II.
più p
Hob.
Klar. in B.
Engl. H.
I. in F.
Hr
III. in D.
(offen)
dolce
Fag.
Baßkl. in A.
Hrfe
dim.
Sehr ruhig.
3 I. Vl.
2 I. Vl.
2 II. Vl.
Alle Viol. I der ersten Hälfte
Alle Viol. II der ersten Hälfte
pp dolce
ohne Dämpfer
I. 2.Hälfte
Viol.
II. 2.Hälfte
1 Br. (allein)
1.Hälfte
Br.
2.Hälfte
immer gleichmäßig p
B.
wa - - - - - - - - chen
mahnt!
1 Vcl. (allein)
Vcl.
ohne Dämpf.
alle K.B.
K.B.

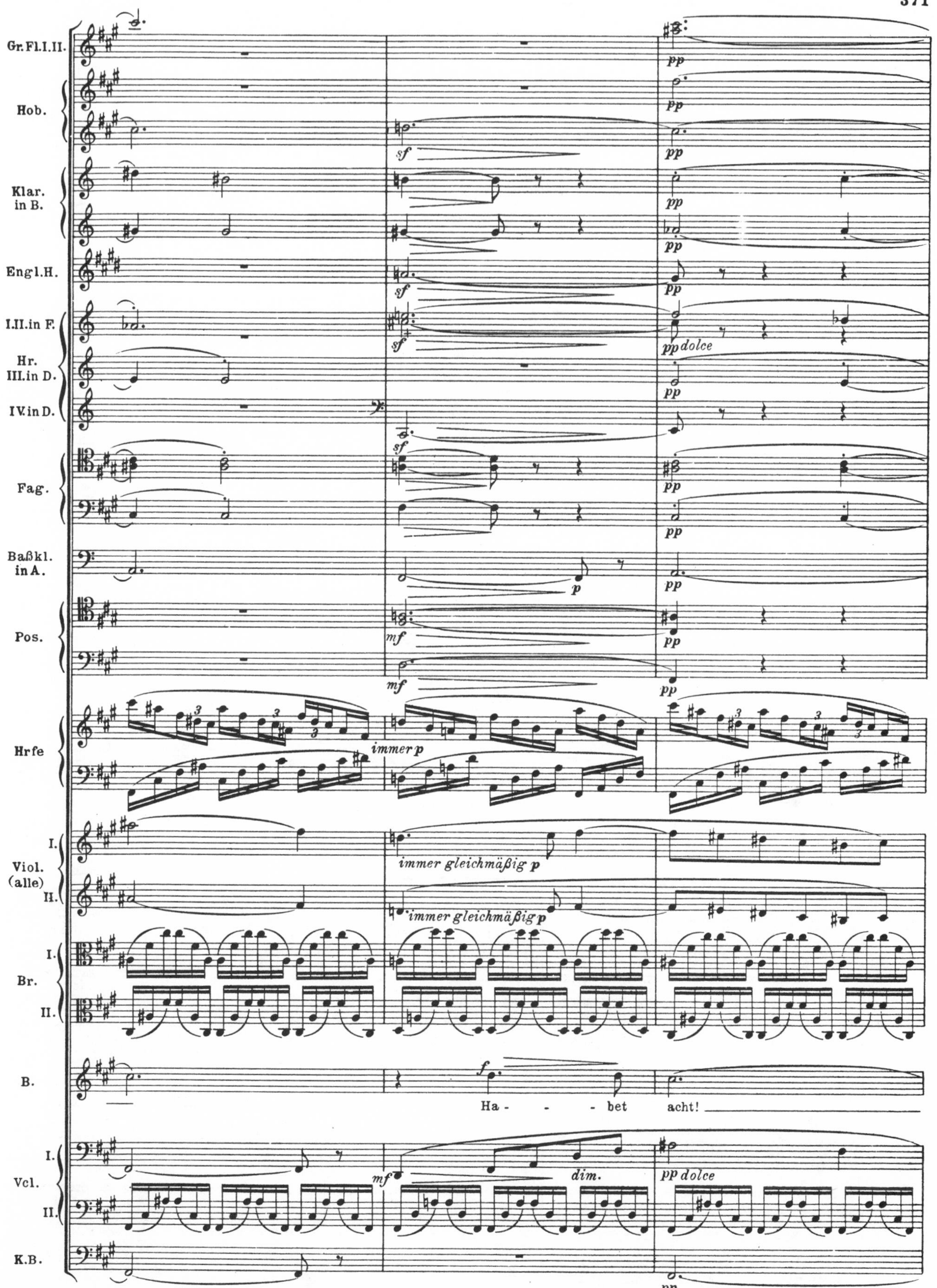
Gr. Fl. I. II.
Hob.
Klar. in B.
Engl. H.
I. II. in F.
Hr. III. in D.
IV. in D.
Fag.
Baßkl. in A.
Pos.
Hrfe
immer p
Viol. (alle)
immer gleichmäßig p
Br.
B.
Ha - - - bet acht!
Vcl.
dim.
pp dolce
K.B.

Gr. Fl. I. II.
pp
Hob.
sf
pp
Klar. in B.
pp
pp
Engl. H.
sf
pp
I. II. in F.
Hr.
III. in D.
IV. in D.
mf
mf
mf
pp
pp
pp
(in E)
Fag.
pp
pp
Baßkl. in A.
mf
p
pp
Pos.
mf
mf
pp
pp
Hrfe
più p
Viol.
I.
II.
immer p
immer p
Br.
I.
II.
immer p
immer p
morendo
B.
f
Ha - - bet acht!
Vcl.
I.
II.
mf
pp
immer p
alle mit Ausnahme der zwei tiefgestimmten
K.B.
pp

Hob.
pp
Klar. in B.
Engl.H.
pp
II.in F.
Hr.
IV.in D.
(in E)
Fag.
p
p
Baßkl. in A.
p
Pos.
pp
pp
pp
pp
Hrfe
3
I.
Viol.
II.
più p
più p
morendo
morendo
Br.II.
morendo
B.
Bald ent- -weicht die
I.
Vcl.
II.
morendo
alle übrigen
morendo
nur 2 Vcl.
K.B.
die zwei tiefgestimmten allein
pp

Immer sehr ruhig.

Hob. I. — *pp* — *morendo*

Klar. II. in B. — *pp* — *morendo*

Engl. H. — *pp* — *morendo*

I. II. in F. Hr. — *pp dolce* — *pp dolce* — *morendo* — *pp*

IV. in E. — (allein) — *pp dolce* — *morendo* — *pp*

Fag. — *pp* — *morendo* — *pp*

Baßkl. in A. — *pp* — *morendo* — (in B)

Hrfe — *ppp*

Immer sehr ruhig.

Viol. I. — *pp*

Viol. II. — *pp*

Br. — (Alle) — *pp*

B. — Nacht! — verhallend

Vcl. — (Alle) — *pp*

K.B. — (nur 2) — *morendo*

Viol. I.
(get.)
Viol. II.
(get.)
Br.
Isolde.
I.
(leise) p
Lausch,
Ge - lieb - ter!
Vcl.
(get.)
pp
cresc.
Hob.
sehr ausdrucksvoll
f
dim.
p
più p
Klar. in B.
Hr. I. II. in F.
Fag. I. II.
Baßkl. in B.
(ohne Dämpfer)
(mit Dämpfer)
Viol. I.
Viol. II.
Br.
f trem. dim.
(allmählich sich ein wenig erhebend)
I.
Neid' - sche
Tristan (ebenso).
T.
Laß mich ster - ben!
Vcl.
pizz.
Bog.
nur 2
K.B.
alle f

Hob.
Klar. in B.
Hr. I.II. in F.
Fag.
Baßkl. in B.
Viol. I.
Viol. II.
Br.
I.
T.
Vcl.
K.B.
espress.
più p
dim.
espress.
cresc.
Wa-che!
Doch der Tag — muß Tri-stan wecken?
(zurückgelehnt bleibend)
Nie er-wa-chen!
(ein wenig das Haupt erhebend)
Laß den
pizz.
Bog.
(Alle)
nur 2
(1. Hälfte)

Ein wenig belebend.
Hob.
Klar. in B.
Hr. I. II. in F.
Fag.
Baßkl. in B.
Pos.
Ein wenig belebend.
Viol. I.
Viol. II.
Br.
(ohne Dämpfer)
(ohne Dämpfer)
I.
(nicht heftig)
Tag und Tod, mit glei-chen Strei - chen, soll-ten uns-
T.
Tag dem To - de wei - chen!
Vcl.
K.B.
pizz.
dim.
più p
pp
p

Sehr ruhig. (𝅗𝅥 = 𝅘𝅥)
I.
Gr. Fl.
II. III.
pp
cresc.
Hob.
p espress.
Klar. in B.
p
cresc.
p espress.
I.
in F.
II.
Hr.
III.
in E.
IV.
Fag.
Sehr ruhig. (𝅗𝅥 = 𝅘𝅥)
Viol. I.
(immer mit Dämpfer)
p dolce
Viol. II.
Br.
I.
-re Lieb er-rei - chen?
(sich mehr aufrichtend)
T.
Uns - re Lie-be? Tri- -stans Lie - be? Dein' und mein', I - sol - des
Vcl.
morendo
(Alle) Bog.
K.B.
nur 2
morendo

Gr. Fl.
Hob.
Klar. in B.
Engl. H.
I. in F. II. Hr.
III. in E. IV.
Fag.
Pos.
(ebenfalls mit Dämpfer)
trem.
Viol. I.
Viol. II.
(mit Dämpfer)
Br.
T.
Lie - be? Wel - ches To - des Streichen könn-te je _ sie wei - - chen? Stünd er vor mir, der mächt'ge
Vcl.
alle
K.B.
cresc.
dim.
più p

poco riten.
a tempo
Hob. I.
Klar. in B.
I. in F. II. Hr.
III. in E. IV.
I. Fag. II.
Pos.
p
più p
pp
dolce
poco riten.
a tempo
I. Viol. II.
get.
Br.
cresc.
T.
sehr ruhig
etwas zurückhaltend
Tod, wie er mir Leib und Le - ben be-droht, die ich so wil - lig der Lie - be las-se, wie wä - re sei-nen
Vcl.
pp sehr ruhig
morendo
trem.
K.B.

Etwas zögernd und sehr ruhig.
Hob.
Klar. in B.
Engl. H.
in F.
Hr.
in E.
I.
Fag.
II. III.
Etwas zögernd und sehr ruhig.
I.
Viol.
II.
Br.
T.
(immer inniger mit dem Haupt sich an Isolde schmiegend)
Streichen die Lie-be selbst zu er-rei-chen? Stürb — ich nun ihr, der so gern ich ster - be, wie
Vcl.
K.B.
sehr ausdrucksvoll
Hob. I.
Klar. in B.
Engl. H.
Hr. I. II. in F.
Fag. I.
I.
Viol.
II.
Br.
pizz.
T.
könn-te die Lie - - be mit mir ster-ben, die e-wig le-ben-de mit mir en - - den? Doch,
Vcl.

Langsam (wie zuvor).
(sehr lang)
Etwas zögernd.
Hob.
Klar. in B.
Engl.H.
in F.
Hr.
in E.
I.II.
Fag.
III.
Langsam (wie zuvor).
Etwas zögernd.
I.
Viol.
II.
pizz.
Bog.
Br.
trem.
T.
langsam
tempo
stür - be nie sei-ne Lie - be, wie stür - be dann Tri - - stan sei - ner Lie - - - - - -
Vcl.
cresc.
dim.
più p

Etwas belebend, aber unmerklich.
sehr weich
Klar. in B.
più p
p espress.
p sehr weich
Baßkl. in B.
p sehr weich
in F.
Hr.
in E.
pp
Etwas belebend, aber unmerklich.
Viol. I.
Isolde.
più p
pp
I.
T.
Doch uns-re Lie- -be,
be?
pizz.
Vcl.
ppp
poco riten.
a tempo
Hob. I.
p ausdrucksvoll
(allein)
Hr. I. II. in F.
p weich
Fag. I.
p espress.
Viol.
II.
Bog.
più p
Br.
heißt sie nicht Tri- -stan und I - sol- de? Dies sü- -ße Wört-lein:

Hob. I.
Klar. in B.
Baßkl. in B.
Hr. I. II. in F.
Fag.
Viol.
Br.
I.
K.B.
II. (allein)
più p
I. (allein)
pp dolce
sehr zart
sehr ausdrucksvoll
cresc.
dolce
zu 2
(ohne Dämpfer)
poco cresc.
und, was es bin - det, der Lie - be Bund, wenn Tri - stan
Sehr ruhig.
II. in F.
Hr.
III. IV. in E.
Vcl.
T.
mf
Tristan. stürb, zer-stört' es nicht der Tod?
(sehr ruhig)
Was stür-be dem Tod, als was uns stört, was Tri-stan
(mit Dämpfer)

Gr.Fl.I.II.
Klar. in B.
II.in F.
Hr.
III.IV.in E.
I.II.
Fag.
III.
T.
wehrt, I - sol - de im - mer zu lie - ben, e - wig, ihr nur zu le - - ben?
Vcl.
K.B.
Hob.
Klar. in B.
Engl.H.
in F.
Hr
in E.
Fag.
I.
Viol.
II.
Br.
Isolde.
I.
Doch, die-ses Wörtlein: und wär es zer-stört, wie anders als mit I-sol-de eig-nem Le - ben wär
Vcl.
K.B.

Nicht schleppend.
Gr.Fl.I.II.
Hob.
Klar. in B.
Engl.H.
I.II.in F.
Hr.
IV.in E.
Fag.
Pos.
Pk.
Hrfe
Nicht schleppend.
I.
Viol.
II.
Br.
I.
langsam
Tri-stan der Tod ge-ge-ben?
(Tristan zieht, mit bedeutungsvoller Gebärde, Isolde sanft an sich.)
T.
Tristan.
So
(mit Dämpfer)
Vcl.
K.B.
pizz.
I.(allein)
p dolce
pp dolce
dolce
più p
ppp

Die sechs Achtel genau den sechs Achteln des früheren 3/4 Taktes entsprechend.
in F.
Hr.
in E.
Pos.
Btb.
Br.
T.
Vcl. (get.)
K.B.
pp
(mit Dämpfer)
Bog.
trem.
(get.)
immer pp
stür-ben wir, um un- -ge-trennt, e-wig ei-nig, oh- -ne End, ohn' Er-wa-chen,
nur 2
(zu 4)
Fag. I.
Hrfe
1.Hälfte
Viol. I.
2.Hälfte
Viol. II.
sehr zart
più p
gesteigert
dim.
ohn' Er- ban-gen, na- -men-los in Lieb um-fan-gen, ganz uns

Klar. II. in B.
in F.
Hr.
in E.
Fag. I. II.
Pos. II. III.
Btb.
Hrfe
Viol. I.
Viol. II.
Br.
T.
Vcl.
K.B.
pp
p
mf
dim.
più p
più p
poco cresc.
morendo
ppp
selbst ge-ge-ben, der Lie-be nur zu le-

Hob.
Klar. in B.
I. in F.
Hr.
III. IV. in E.
Fag.
Pos.
B.T.
Hrfe
Viol. II.
Br.
Isolde (wie in sinnender Entrücktheit zu ihm aufblickend).
I.
So stür-ben wir, um un - ge-trennt, —
immer ausdrucksvoller
ohn' Er -
T.
- -ben!
e - wig ei - nig oh - - ne End, —
Vcl.
K.B.
trem.
immer pp
immer
pizz.

I.
Gr. Fl.
II.
Hob.
Klar. in B.
Engl. H.
I. II. in F.
Hr.
III. in E.
Fag.
Baßkl. in B.
Pos.
B. T.
Pk.
Hrfe
I.
Viol.
II.
Br.
I.
T.
Vcl.
K.B.
pp
ppp
tr
morendo
poco cresc.
poco f
dim.
Bog.
wa - chen, na - men-los in Lieb um-fan - gen, ganz uns
ohn' Er - ban - gen, in Lieb um-fan - gen, ganz

Gr. Fl.
I.
II.
Hob.
Klar. in B.
Engl. H.
in F.
Hr.
in E.
Fag.
Baßkl. in B.
Pk.
Hrfe
Viol. II.
Br.
I.
T.
Vcl.
K.B.
cresc.
più p
(ohne Dämpfer)
pp dolce
selbst gege - - ben, der Lie - - be
uns gege - - ben, der Lie - - be
morendo
pizz.
mf pizz.

I.
Gr.Fl.
II.
Hob.
Klar. in B.
Engl. H.
in F.
Hr.
in E.
Fag.
Baßkl. in B.
Pos.
B.T.
Pk.
Hrfe
Viol.
Br.
Vcl.
K.B.
dim.
più p
dolce
un poco cresc.
(ohne Dämpfer)
ohne Dämpfer
Bog.
(Isolde neigt wie überwältigt das Haupt an seine Brust)
Brang.
nur zu le - - - - - ben!
(wie vorher)
Ha - bet acht!
nur zu le - - - - - ben!

Gr. Fl. I. II.
Hob.
Klar. in B.
Engl. H.
in F.
Hr.
in E.
Fag.
Baßkl. in B.
Pos.
B. T.
Pk.
Hrfe
Viol.
I.
II.
Br.
B.
Vcl.
K.B.
più p
dim.
morendo
Ha - - bet acht!

Hob.
pp
Klar. in B.
II.
p
Engl. H.
pp
II. in F.
Hr.
IV. in E.
Fag.
p
Baßkl. in B.
Pos.
pp
Hrfe
Viol.
I.
II.
morendo
2. Hälfte
Br.
morendo
B.
Schon weicht dem Tag die
Vcl.
morendo
nur 2
K.B.
(2 einzelne)
(die E-Saite bis D herabgestimmt)
pp

Hob. I.
Klar II. in B.
Engl. H.
II. in F.
Hr.
III. IV. in E.
Fag.
Baßkl. in B.
Hrfe
I.
Viol.
II.
Br.
B.
T.
Vcl.
K.B.
morendo
pp dolce
ppp dolce
pp
ppp
(verhallend)
Nacht.
Tristan.
(lächelnd zu ihr geneigt)
Soll ich lau - - schen?
zu 2

zu 2
riten.
tempo
Hob.
Klar. in B.
Engl. H.
allein
II. in F.
Hr.
III. IV. in E.
Fag. I. II.
Viol.
pizz.
Bog.
Br.
Isolde (schwärmerisch zu ihm aufblickend)
Laß mich ster - ben!
(ernster)
T.
Muß ich wa - chen?
Vcl.
I. in F.
Baßkl. in B.
etwas drängender
(bewegter)
Nie er - wa - chen!
(drängender)
Soll der Tag noch Tri - stan we - cken?
dim.
più p
cresc.

molto riten.
Immer mehr belebend.
Hob.
zu 2
f sehr ausdrucksvoll
Klar. in B.
Engl. H.
f sehr ausdrucksvoll
in F.
Hr.
in E.
Fag. I. II.
zu 2
p cresc.
Baßkl. in B.
I.
Pos.
II. III.
zu 2
cresc.
molto riten.
Immer mehr belebend.
I.
Viol.
II.
cresc.
Br.
cresc.
(begeistert)
I.
Laß den Tag dem To - de wei-chen!
T.
Des Ta - ges
Vcl.
cresc.
pizz.
K.B.
p cresc.
Bog.

Gr. Fl. I.
Hob.
Klar. in B.
Engl. H.
Hr. I. II. in F.
zu 2
Fag. I. II.
Pos.
zu 2
I.
Viol.
II.
Br.
pizz.
Bog.
(mit wachsender Begeisterung.)
I.
Sei - nem Trug e - - -
T.
Dräu - en nun trotz - ten wir so?
Vcl.
pizz.
Bog.
K.B.
pizz.
Bog.
pizz.
dim.

Immer belebter.
zu 2
Gr.Fl.I.II.
Hob.
dim.
p
f
Klar. in B.
(nach A)
Engl.H.
Hr.I.II. in F.
Fag.
I.
II.
I.II.
III.
Pos.
zu 2
cresc.
mf
B.T.
Hrfe
Immer belebter.
Viol.
Br.
(mit großer Gebärde ganz sich erhebend.)
I.
-wig zu fliehn!
E-
T.
Sein dämmernder Schein ver-scheuch-te uns nie?
Vcl.
pizz.
Bog.
K.B.

Lebhaft, mit Steigerung.

zu 2

Gr. Fl. I. II.

Hob.

Klar. in A.

Engl. H.

in F.
Hr.
in E.

Fag.

Baßkl. in A.

Pos. II. III.

B. T.

Pk.

Hrfe

Mit Steigerung.

I.
Viol.
II.

Br.

I.

- wig währ uns die Nacht!

Vcl.

K. B.

p cresc. f fp pp cresc. tr

Sehr lebhaft und schnell.
rallent.
Gr.Fl.I.II.
Hob.
Klar. in A.
Engl.H.
in F. Hr. in E.
Fag.
Baßkl. in A.
Trp.I.II. in E.
Pos.
B.T.
Pk.
Hrfe
rallent.
Sehr schnell.
I. Viol. II.
Br.
Isolde.
I.
O ew'- ge Nacht,
(Tristan folgt ihr, sie umfangen sich in schwärmerischer Begeisterung.)
T.
O ew'- ge Nacht,
Vcl.
K.B.
fp molto cresc.
più f
ff
dim.

Gr.Fl.I.II.
dolce
p
ff
Hob.
dolce
p
molto cresc.
ff
Klar. in A.
dolce
p
molto cresc.
ff
Engl.H.
p
p
molto cresc.
ff
in F.
Hr.
in E.
dolce
dolce
p
p
ff
ff
Fag.
dolce
dolce
p
p
molto cresc.
ff
ff
Baßkl. in A.
dolce
p
ff
Trp.I.II. in E.
p
f
Pos.
p
p
pp
pp
molto cresc.
molto cresc.
f
f
B.T.
f
Pk.
pp
pp
molto cresc.
molto cresc.
Hrfe
dolce
ff
I.
Viol.
II.
dolce
dolce
p
p
p
p
molto cresc.
molto cresc.
ff
ff
Br.
p
molto cresc.
ff
I.
sü - - - - - - ße
Nacht!
Hehr
T.
sü - - - - - - ße
Nacht!
Hehr
Vcl.
p
molto cresc.
pizz.
ff
Bog.
K.B.
p
p
ff

Gr.Fl.I.II. — *dim.* — *dolce* — *p*

Hob. — *dim.* — *dolce* — *p*

Klar. in A. — *dim.* — *dolce* — *p*

Engl.H. — *dim.* — *dolce*

in F. Hr. in E. — *dim.* — *dim.* — *dolce* — *dolce* — *p*

Fag. — *dim.* — *dolce* — *dim.* — *dolce* — *p*

Baßkl. in A. — *dim.* — *dolce* — *più p*

Trp. I.II. in E. — *dim.* — *p dolce* — *più p*

Pos. — I.II. — III. — *dim.* — *p dolce* — *più p* — *dim.* — *p dolce* — *più p*

B. T. — *dim.* — *pp*

Pk. — *tr* — *pp*

Hrfe — *dolce* — 3 — 3 — *p*

Viol. I. — *dim.* — *dolce* — *p*

Viol. II. — *dim.* — *p*

Br. — *dim.* — *dolce* — *più p*

I. — er - - hab - - ne Lie - - - - - - bes - nacht!

T. — er - - hab - - ne Lie - - - - - - bes - nacht!

Vcl. — *dim.* — *dolce* — *più p*

K.B. — pizz. — *dim.* — *p* — *p*

I. Gr. Fl. II.
Hob. I.
Klar. in A.
in F. Hr. in E.
Fag.
Baßkl. in A.
Trp. I. II. in E.
Pos.
B. T.
Pk.
I. Viol. II.
Br.
I.
T.
Vcl.
K. B.
pp
cresc.
più p
dolce
Bog.
Wen du um - fan - - gen, wie wär oh - ne Ban -
— wem du ge - lacht, wie

Gr. Fl.
I.
II.
Hob.
cresc.
Klar. in A.
Engl. H.
in F.
Hr.
in E.
dolce
Fag.
Baßkl. in A.
Pos.
Pk.
Hrfe
Viol.
Br.
I.
gen aus dir er je er- -wacht? Nun ban- -ne das
T.
wär oh-ne Ban-gen er aus dir er-wacht? Nun ban-
Vcl.
K.B.
pizz.
dim.

Gr. Fl. I. II.
Hob.
Klar. in A.
Engl. H.
Hr. in F. in E.
Fag.
Baßkl. in A.
Trp. I. in E.
Pos.
B.T.
Pk.
Hrfe.
Viol. I. II.
Br.
I.
T.
Vcl.
K.B.

cresc. ff f p (allein) pizz. Bog.

I.: Ban - gen, hol - der Tod, seh -

T.: ne das Ban - gen, sehn -

Gr.Fl. I.II.
Hob.
Klar. in A.
Engl. H.
in F.
Hr.
in E.
Fag.
Baßkl. in A.
Trp. I. in E.
Pos.
B. T.
Pk.
Hrfe.
I.
Viol.
II.
Br.
I.
T.
Vcl.
K.B.
dim.
p
più p
pp
tr
pizz.
- nend ver - lang - ter Lie - bes - tod! In dei - nen
- nend ver - lang - ter Lie - bes - tod!

Gr. Fl.
Hob.
Klar. in A.
I. in F.
Hr.
III. IV. in E.
Fag.
Baßkl. in A.
I.
Viol.
II.
Br.
I.
T.
Vcl.
K.B.
p dolce
poco cresc.
dolce
get.
Bog.
p
Ar- - - -men, dir ge - weiht, ur- - - -
In dei- nen Ar- - - -men, dir ge- -weiht,

Gr. Fl. I. II.
Hob.
Klar. in A.
in F.
Hr.
in E.
Fag.
Baßkl. in A.
Pos. III.
Pk.
I.
Viol.
II.
Br.
I.
T.
Vcl.
K.B.
zu 2
più cresc.
molto cresc.
ff
p
f
get.
tr
hei - lig Er - war - - men, von Er - wa - chens Not be -
ur - - hei - lig Er - warmen, von Er - wachens Not be-

Gr. Fl. I. II.
Hob.
Klar. in A.
in F.
Hr.
in E.
Fag. I. II.
Baßkl. in A.
Pos.
Pk.
I.
Viol.
II.
Br.
I.
T.
Vcl. K.B.
ff dim.
p
più p
p espress.
f dim.
f
p dolce
freit!
Wie es fas - sen, wie sie las - sen,

Hob.
Klar. in A.
Hr. III.IV in E.
Fag.
I. Viol. II.
Br.
I.
T.
Vcl. K.B.
espress.
cresc.
p dolce
Fern der Son - ne, fern der
die - se Won - ne, fern der Son - ne, fern der
Hob.
Klar. in A.
Hr. III in E.
Fag.
Baßkl. in A.
I. Viol. II.
Br.
I.
T.
Vcl.
K.B.
dim.
p ausdrucksvoll
p espress.
Ta - ge Tren - nungs - kla - ge! Oh - ne Wäh - nen,
Ta - ge Tren - nungs - kla - ge!

Hob.
p dolce
Klar. in A.
p dolce
p
I. in F.
Hr.
III. in E.
p sehr ausdrucksvoll
dim.
dim.
p
Fag.
p
Baßkl. in A.
p
I.
Viol.
II.
p
Br.
p
I.
oh- -ne Ban- gen,
zart
T.
Sanf- -tes Seh- -nen!
Süß Ver-
Vcl.
K.B.
pizz.
Bog.
p

Gr. Fl. I.
p dolce
Hob.
p
p
Klar. in A.
p ausdrucksvoll
p
p dolce
p
I. in F.
Hr.
III. IV. in E.
p
p
Fag.
p
p
p
p
Baßkl. in A.
p dolce
p
Hrfe.
pp
dolce
I.
Viol.
II.
p
p dolce
p
Br.
p
p
I.
hehr Ver - ge - hen;
T.
p
lan - gen; oh - ne We - hen hehr Ver - ge - hen!
Vcl.
p
p
K.B.
pizz.
Bog.
p
p

Gr. Fl. I.
Hob.
Klar. in A.
Engl. H.
I. in F. Hr. III. IV. in E.
Fag. I.
Baßkl. in A.
Pos.
Pk.
Hrfe.
I. Viol. II.
Br.
I.
T.
Vcl.
K.B.
oh - ne Schmach - ten hold Um - nach - ten!
Hold Um - nach - ten; oh - ne
più p
p dolce
cresc.
pizz.
Bog.

I.
Gr. Fl.
II.
Hob.
Klar. in A.
Engl. H.
in F.
Hr.
in E.
Fag.
Baßkl. in A.
Trp. in E.
Pos.
Pk.
Hrfe.
Viol. I.
Viol. II.
Br.
I.
T.
Vcl.
K.B.
p molto cresc.
più f
zu 2
cresc.
molto cresc.
sehr weich
pp sehr weich
p dolce
poco cresc.
get.
pizz.
Bog.
Oh - ne Schei - den, traut al - lein, e - wig
Meiden, oh - ne Scheiden, traut al - lein, e - - wig

I.
Gr. Fl.
II.
Hob.
Klar. in A.
in F.
Hr.
in E.
Fag.
Baßkl. in A.
Pos.
Pk.
Hrfe.
Viol.I.
Viol.II.
Br.
I.
T.
Vcl.
K.B.
poco cresc.
poco cres.
cresc.
dim.
più p
mf
pp
get.
Bog.
heim, in un - ge - meß - nen Räu - men ü -
heim, in un - ge - meß - nen Räu - men

Gr. Fl.
Hob.
Klar. in A.
in F.
Hr.
in E.
Fag.
Baßkl. in A.
Trp. in E.
Pos.
Pk.
Hrfe.
Viol. I.
Viol. II.
Br.
I.
T.
Vcl.
K.B.
p dolce
dolce
allein
get.
immer pp
zart
zus.
nur die Hälfte der Kb.
- - ber - sel' - ges Träu - men: Du I - - sol - de,
ü - - - - - ber - sel' - ges Träu - men: Tri - - - -

allein
Gr. Fl. I.
p dolce
Hob.
dolce
p
Klar. I in A.
allein
p dolce
I in F.
Hr.
III in E.
pp
dolce
I.
Fag.
II.
p dolce
p
più p
Baßkl. in A.
Hrfe.
1. Hälfte (zus.)
Viol. I.
2. Hälfte (get.)
p dolce
Viol. II.
Br. (get.)
pdolce
I.
Tri - - - stan ich,
T.
- - stan du,
ich I -
1. Hälfte (zus.)
Vcl. 2. Hälfte (get.)
1. Hälfte
K.B.

Gr. Fl. I. — *più p*

Hob. — *più p* — *sehr zart* — *sehr zart* — *pp* — *pp*

Klar. I in A. — *più p*

Hr. I in F. — *pp* — *pp*

Hr. III in E.

Fag. I. — *più p*

Fag. II. — *pp*

Baßkl. in A. — *pp*

Hrfe. — *più p* — *pp*

Viol. I. — *più p* — *pp*

Viol. II. — *pp*

Br. — *più p* — *pp*

I. — nicht ___ mehr I - sol- - de!

T. — sol - - de, nicht ___ mehr ___

Vcl. — *più p* — *pp*

K.B. — 1. Hälfte

Sehr drängend.
Hob.
Engl. H.
in F.
Hr.
in E.
Fag.
Baßkl. in A.
Hrfe.
Sehr drängend.
Viol. I.
Viol. II.
Br.
I.
Oh - ne Nennen, oh - ne Tren - nen, neu Er - kennen, neu Entbrennen; end - los
T.
Tri - stan! E - wig! End - los! End -
Vcl.
K.B.
II. Hälfte
cresc.
p molto cresc.
morendo
(zus.)

Gr. Fl. I. II.
zu 2
Hob.
Klar. in A.
Engl. H.
in F.
Hr.
in E.
Fag.
Baßkl. in A.
Trp. I. II. in E.
Pos.
Pk.
Hrfe.
I.
Viol.
II.
Br.
I.
T.
Vcl.
K.B.
piu f
ff
f
dim.
(zus.)
sehr gehalten, aber nicht gebunden
e - - - - - - - - - - - wig ein - - - be -
- los, e - wig ein - - be - wußt, e - - - -

Immer etwas drängend.

Hob.
immer f
Klar. in A.
Engl.H.
Hr. III in E.
Fag.
Baßkl. in A.
immer f
Hrfe.
I.
Viol.
II.
Br.
I.
heiß er-glüh - ter Brust,
T.
end- - los,
Vcl.
K.B.

Hob.

Klar. in A.

Engl. H.

I. in F. Hr. III. IV in E.

immer f

Fag.

Baßkl. in A.

Trp. II in E.

allein

Pos.

cresc.

mf

p

più f

Hrfe.

I. Viol. II.

Br.

I.

end - los, e - - wig,

T.

höch - - - ste Lie - - bes - lust!

get.

Vcl.

K.B.

Noch drängender.
Gr. Fl.
cresc.
Hob.
p
Klar. in A.
Engl. H.
in F.
Hr.
in E.
Fag.
Baßkl. in A.
I.
Trp. in E.
II.
poco cresc.
Pos.
Pk.
tr
Hrfe.
Noch drängender.
I.
Viol.
II.
p gebunden
Br.
I.
höch
T.
Heiß er - glüh - - - - ter Brust höch - ste
Vcl.
K. B.

Gr. Fl.
Hob.
Klar. in A.
in F.
Hr.
in E.
Fag.
Baßkl. in A.
Trp. in E.
Pos.
Pk.
Hrfe.
I.
Viol.
II.
Br.
I.
T.
Vcl.
K.B.
molto cresc.
p cresc.
mf
p
tr
cresc.
nicht gebunden
ste Lie- bes- lust! Höch
Lie- bes- lust! Höch- ste Lie- bes-

Gr. Fl.
Hob.
Klar. in A.
Engl. H.
in F.
Hr.
in E.
Fag.
Baßkl. in A.
Trp. II. in E.
Pos.
Pk.
Hrfe.
I.
Viol.
II.
Br.
I.
T.
Vcl.
K.B.
più f
cresc.
p molto cresc.
più cresc.
f
tr
ste Lie- bes-
lust! Höch- ste Lie- bes

Dritte Szene.

Wieder das vorhergehende Hauptzeitmaß. (𝅗𝅥 mäßiger)
Gr.Fl.I.II.
Hob.I.II.
Klar. in A.
Engl.H.
in F.
Hr.
in E.
Fag.
I.III. in F.
Trp.
II. in E.
Pos.
B.T.
ff
f
dim.
Wieder das vorhergehende Hauptzeitmaß. (𝅗𝅥 mäßiger)
Sehr lebhaft.
I.
Viol.
II.
Br.
Vcl.
K.B.
p cresc.
più f
stacc.
(Marke, Melot und Hofleute (in Jägertracht) kommen aus dem

Fl. I. II.
Hob. I. II.
Klar. in A.
in F.
Hr.
in E.
Trp. I. III. in F.
Pos.
I.
Viol.
II.
Br.
Baumgange lebhaft nach dem Vordergrunde, und halten entsetzt der Gruppe der Liebenden gegenüber an.)
B. Hier ist Marke sehr schnell aufgetreten. Brangäne kommt zugleich von der Zinne herab, und stürzt auf
Vcl.
K.B.
Engl. H.
in F. I.
Hr.
in E. III. IV.
Fag.
I.
Viol.
II.
Br.
Isolde zu. Diese, von unwillkürlicher Scham ergriffen, lehnt sich, mit abgewandtem Gesicht, auf die Blumenbank. Tristan, in ebenfalls unwillkürlicher Bewegung, streckt mit dem einen Arme den Mantel breit aus, so daß er Isolde vor den Blicken
Vcl.
K.B.

Allmählich etwas langsamer.

Fl. I. II. — *p* — *più p* — *pp* — *pp*

Hob. I. II. — *p*

Klar. in A. — *p* — *pp* — *pp dolce*

Engl. H. — *pp*

Hr. in F. I. — *pp*

Hr. in E. III. IV. — *p* — *pp*

Fag. — *pp* — *pp* — *pp*

Pk. — *tr* *pp*

Allmählich etwas langsamer.

Viol. I. (get.) — *pp* — *immer pp* — *pp* — *immer pp*

Viol. II. (get.) — *pp* — *immer pp* — *pp* — *immer pp*

Br. — *pp* — *pp*

der Ankommenden verdeckt. In dieser Stellung verbleibt er längere Zeit, unbeweglich den star-

Vcl. K.B. — *pp* — Vcl. (allein) *pp*

Hob. I.

Klar. in A. — *morendo*

Hr. III. in E. — *morendo*

Fag. I. II. — *morendo*

Viol. I. (get.) — *morendo* — *morendo*

Viol. II. (get.) — *morendo* — *morendo*

Br. — *morendo*

ren Blick auf die Männer gerichtet, die in verschiedener Bewegung die Augen auf ihn heften. — Morgendämmerung.

Vcl. (get.) — *morendo* — *morendo*

Mäßig bewegt.
Klar. in A.
Engl. H.
in F. I.
Hr.
in E. III.
Fag.
I.
Viol.
II.
Br. (get.)
Tristan.
B. Tristan für das Publikum ganz im Profil.
T.
Der ö - de Tag zum letz - ten Mal!
Melot.
Ml.
(zu
Das
trem.
pizz.
Vcl. (get.)
in F. II.
in E. III. IV.
III. (allein.)
Viol. II.
Bog.
sempre meno p
Marke) B. Mit dem Rücken gegen Tristan.
— sollstdu, Herr, mir sa - gen, ob ich ihn recht ver - klagt? Das dir zum Pfand ich gab,

Engl. H.
in F.
Hr.
in E.
Fag.
poco cresc.
Br.
(get.)
cresc.
pizz.
Ml.
ob ich mein Haupt ge-wahrt? Ich zeigt ihn dir in offner Tat: Namen und Ehr hab ich getreu vor Schande dir be-
Vcl.
(get.)
(nur die Hälfte)
K.B.
Mäßig langsam.
immer sehr ausdrucksvoll
Baßkl.
in A.
dim.
cresc.
Bog.
ten.
wahrt.
Marke (nach tiefer Erschütterung, mit bebender Stimme).
Mk.
Ta-test du's wirk-lich? Wähnst du das?
(nur die 1. Hälfte)
(Alle)

Baßkl. in A.
Br. (get.)
Mk.
Vcl.
sehr getragen
Sieh ihn dort, den treu-sten al-ler Treuen; blick auf ihn, — den
(Alle)
freund-lichsten der Freunde: sei-ner Treu-e frei-ste Tat traf mein
Vcl. (get.)
K.B.
1.Hälfte pizz.
poco cresc.
cresc.
Herz mit feindlichstem Ver-rat! Trog mich Tri-stan,
più cresc.
dim.
Bog.

poco riten.
Baßkl. in A.
p cresc.
Br. (get.)
piu p
Mk.
etwas zurückhaltend
sollt ich hof-fen, was sein Trü-gen mir ge-trof-fen, sei durch Melots Rat redlich mir be-
Vcl. (get.)
poco cresc.
1. Hälfte
pizz.
K.B.
Lebhaft.
accelerando
Fl. I.
Hob. I. II.
zu 2
Klar. in A.
Engl. H.
Hr. I. II. in F.
cresc.
Fag.
fp cresc.
Lebhaft.
accelerando
I.
Viol.
II.
piu f
Br.
Tristan (krampfhaft heftig). B. Ohne seinen Platz zu verändern.
T.
Tags-ge-spenster! Mor-gen-träume! täuschend und wüst! Entschwebt! Ent-
Mk.
wahrt?
Vcl.
(Alle)
Bog.
sfp cresc.
K.B.

rallent.
Wieder mäßig langsam.
Fl. I.
Hob. I. II.
Klar. in A.
Engl. H.
Hr. I. II. in F.
Baßkl. in A.
Fag.
zu 2
ff
dim.
cresc.
più p
pp
(get.)
trem.
I. Viol. II.
Br.
T.
Mk.
Vcl.
K.B.
Sehr zurückhaltend.
Etwas beweg-
weicht!
(mit tiefer Ergriffenheit)
Mir dies?
Dies, Tri-stan, mir?
(Bewegter)
Wo-hin nun
1. Hälfte
ter, doch streng im Zeitmaß.
Treue, da Tri-stan mich be-trog? Wo-hin nun Ehr und ech-te Art, da al-ler Eh-ren Hort,
riten.
Br. (get.)
Vcl. (get.)
ten.
B. Sehr kräf-
da Tri-stan sie ver-lor? Die Tri-stan sich zum Schild er-kor, wo-hin ist

Breit.
rallent.
Wieder mäßig langsam.
Baßkl. in A.
p ausdrucksvoll und weich
I.
Viol.
II.
Br. (get.)
dim.
Mk.
tig, nie sentimental.
Tugend nun ent-flohn, da meinen Freund sie flieht, da Tri-stan mich ver-riet?
(langsam)
(Tristan senkt langsam den
Vcl. (get.)
K.B.
1. Hälfte
Belebend.
Blick zu Boden; in seinen Mienen ist, während Marke fortfährt, zunehmende Trauer zu lesen.)
Wo-zu die Dienste oh-ne Zahl, der Eh-ren
p ausdrucksvoll
cresc.
Bog.
pizz.

Mehr belebend.
Baßkl. in A.
Br. (get.)
Mk.
Vcl. (get.)
K.B.
p
cresc.
poco cresc.
Ruhm, der Grö - ße Macht, die Mar - - ken du gewannst; mußt Ehr und Ruhm, Größ und
Fag. I.
Macht, muß-te die Dienste oh-ne Zahl dir Mar - - kes Schmach be - zah-len?
f
dim.
Alle
pizz.

Fag. I.
Baßkl. in A.
piu p
Br. (get.)
Mk.
Dünk - te zu wenig dich sein Dank, daß was du ihm er-wor-ben, Ruhm und Reich, er zu Erb und
Vcl. (get.)
Bog.
K.B.
1. Hälfte
Hr. III. IV. in E.
Fag. I. II.
cresc.
B. Ganz einfach, ohne jeden Akzent.
Ei - - - gen dir gab? Da kin-derlos einst schwand sein Weib, so liebt er

Belebt.
zu 2
(zus.)
zus.
Alle
Fag. I. II.
Br.
Mk.
Vcl.
K.B.
dich, daß nie aufs neu sich Mar-ke wollt vër-mählen.
Da al-les Volk zu Hof und Land mit Bitt— und
Dräu-en in ihn drang, die Kö-ni-gin dem Lan-de, die Gat-tin sich zu kie-sen; da sel-ber
du den Ohm beschworst, des Ho-fes Wunsch, des Lan-des Willen güt - lich zu erfül-len; in Wehr wider Hof und
cresc.
dim.

Fag. I. II.
Viol. II.
Br.
Mk.
Land, in Wehr selbst ge-gen dich, mit List und Gü-te wei-ger-te er sich, bis,
Vcl.
K.B.
Belebend.
Hr. I. II. in F.
I.
Viol.
II.
ten.
Tristan, du ihm droh-test, für im-mer zu mei-den Hof und Land, wür-dest du sel-ber
cresc.
dim.
zurückhaltend
nicht entsandt, dem Kö-nig die Braut zu frein. Da ließ er's denn so
pizz.
rall.

Viel langsamer.

Hob. I. — *p espress.*

Engl. H. — *p* — *più p zart*

Fag. I. II. — *p* — *p*

Baßkl. in A. — *pp*

Viel langsamer.

Viol. II. — Bog. *pp*

Br. — Bog. *pp*

B. In Gedanken versinkend, vor sich hin, ohne Isolden anzublicken.

Mk. — *sehr zart*

sein. — Dies wunder-vol - le Weib, das mir dein Mut ge-

Vcl.

K.B. — Bog. *pp*

Hob. I. — *p*

Hr. IV. in E. — *cresc.*

Fag. I. II. — *p* — *dolce* — *poco cresc.* — *più cresc.*

Baßkl. in A. — *p cresc.*

Viol. II.

Br. — *p dolce* — *poco cresc.* — *più cresc.*

Mk.

wann, wer durft es se-hen, wer es ken-nen, wer mit Stol-ze sein — es nen-nen, oh - ne

Vcl. — Bog. *pp sehr zart* — *p* (get.) — *p* — *poco cresc.* — *più cresc.*

K.B. — *p* — *poco cresc.*

Hr. III. IV. in E.
Fag. I. II.
Baßkl. in A.
Br.
Mk.
se - lig sich zu prei - sen? Der mein Wil - le nie zu na - - hen wag - te, der mein
Vcl.
K.B.
pizz.
Wunsch ehr-furchtscheu ent - sag - te, die so herr - lich hold er - ha - ben mir die See - le muß - te
Viol.
dolce
poco cresc.
più p
la - - - ben, trotz Feind und Ge - fahr, die fürst - li - che Braut brachtest du mir
Bog.
cresc.
dim.

Wieder bewegter.

Hr. III. IV. in E.
Baßkl. in A.
Viol. I. pizz.
Br.
Mk.

dar. — Nun, da durch

Vcl.
K.B.

Baßkl. in A.
Viol. II. trem.
Br. trem.
Mk.

sol-chen Besitz mein Herz du fühl-samer schufst als sonst dem Schmerz, dort wo am weich-sten, zart und

Vcl. trem.
K.B.

Fag. I. II. zu 2
Baßkl. in A.
Viol. I. II. trem.
Br.
Mk.

of-fen, würd ich ge-trof-fen, nie — zu hof-fen, daß je ich könn-te ge-sun-den: warum so

Vcl.
K.B.

f *p* *dim.* *cresc.* *mf* *pp* *fp*

Hob.I.II.
Engl.H.
Hr. I.II. in F.
Fag.I.II.
Baßkl. in A.
I. Viol. II.
Br.
Mk.
Vcl.
K.B.
zu 2
più f
ff
dim.
cresc.
sehrend, Un - se-li-ger, dort nun mich ver-wun - den? Dort mit der Waf - fe quä-lendem
Gift, das Sinn und Hirn mir sengend ver - zehrt, das mir dem Freund die Treu-e ver-
pizz.
Bog.
(get.)

poco accel. rallent.

Hob. I. II. zu 2

Engl. H.

Klar. in A.

Hr. I. II. in F.

Fag. zu 2 I. (allein) III. (allein)

Baßkl. in A.

I. Viol. II.

Br. (get.)

Mk. B. Bitter.

wehrt, mein off - nes Herz erfüllt mit Verdacht, daß ich nun heimlich in dunkler Nacht den Freund lauschend be -

Vcl. (get.)

K.B. (nur 2.)

Hob. I. II.

Engl. H.

Klar. in A.

in F. Hr. in E.

Fag.

Baßkl. in A.

I. Viol. II. pizz. Bog.

Br. (get.)

Mk. B. Energisch, verzweifelt.

schlei - che, meiner Eh - ren En-de er - rei - che?

Vcl. (get.)

K.B. (Alle)

riten. a tempo
rallent.
Hob. I. II.
Klar. in A.
Engl. H.
in F.
Hr.
in E.
zu 2
Fag.
Baßkl. in A.
I.
Viol.
II.
Br.
Mk.
Die kein Him - mel er - löst, warum mir diese Höl - le?
Die kein
Vcl.
K.B.
molto rallent.
(nach B)
Sehr langsam.
a tempo
schr ausdrucksvoll
(weich)
molto rallent.
Sehr langsam.
Viol. II.
E - - lend sühnt, war - um mir diese Schmach?
schr
Den

Langsam.
Hob. I.
Engl. H.
Baßkl. in A.
Pos.
Br.
T.
M.
Fag. I. II.
Vcl.
(nach B)
pizz.
Langsam.
Tristan.
(mitleidig das Auge zu Marke erhebend)
langsam
unerforschlich tief ge-heimnis-vol-len Grund, wer macht der Welt ihn kund?
Kö-nig, das kann ich dir nicht sa-gen; und was du frägst, das kannst du nie er-fah-ren.
Gr. Fl. I.
Klar. in B.
Hr. III. IV. in E.
Viol. I. II.
in B
espress.
morendo
rallent.
mit Dämpfer
(Tristan wendet sich zu Isolde, die sehnsüchtig zu ihm aufblickt.)
Fag. I. II.

B. Nicht schleppen.
Mäßig langsam (♩ langsamer als zuvor ♪)
Hob.
Klar. in B.
Engl. H.
Hr. III. IV. in E.
Fag. I. II.
Mäßig langsam.
ruhig
Viol. I. II.
Bog. (gedämpft)
Br.
Tristan.
T.
Wo - hin nun Tri - stan schei - det, willst du, I - sold, ihm fol - gen?
Vcl.
pizz.
Bog.
dim.
più p
poco riten.
Hr. in F.
Hr. in E.
Pos.
B. T.
Pk.
K. B.
Dem Land, das Tri - stan meint, der Son - ne Licht nicht

a tempo
Klar. in B.
in F. Hr. in E.
Fag. I. II.
Baßkl. in B.
Pos.
B. T.
Pk.
a tempo
Bog.
I. Viol. II.
Br.
T.
scheint: es ist das dun - kel nächt' - ge Land, dar-aus die Mut - ter mich ent-sandt, als, den im
Vcl.
K. B.
dolce
Hob. I.
Klar. in B.
in F. Hr. in E.
Fag. I. II.
Baßkl. in B.
Pos. I.
Pk.
I. Viol. II.
Br.
T.
To - de sie emp-fan-gen, im Tod sie ließ an das Licht — ge-lan-gen.
Vcl.
K. B.
più p

poco riten.
a tempo
Hob.
Klar. in B.
Engl. H.
I. in F. II.
Hr.
III. in E. IV.
a 2
Fag. I. II.
Baßkl. in B.
Trp. III. in Es.
Pos.
B. T.
Pk.
poco riten.
a tempo
I. Viol. II.
Br.
T.
Was, da sie mich ge-bar, ihr Lie-besber-ge war, das Wunderreich der Nacht, aus der ich einst erwacht: das
Vcl.
K. B.
p dolce
più p
pp
p
tr

Hob. I.
Klar.
in B.
Engl. H.
I.
in F.
II.
Hr.
III.
in E.
IV.
Trp. III.
in Es.
Fag.
Baßkl.
in B.
I.
Viol.
II.
Br.
T.
Vcl.
K. B.
p
f
dim.
cresc.
pp dolce
dolce
p dolce
pizz.
Bog.
più p
pp
B. Sehr
bie-tet dir Tri-stan, da-hin geht er vor - an: ob sie ihm fol - ge treu und hold, das

Etwas bewegt.

Hob. I.
Klar. in B.
Engl. H.
I. II. in F. Hr. III. IV. in E.

Etwas bewegt.

I. II. Viol.
Br.

Isolde.

Als für ein fremdes Land der Freund sie einstens warb, dem

T.

sanft.

sag ihm nun I - sold!

Vcl.
K. B.

pizz.

poco riten. a tempo

Hob. I.
Klar. in B.
Engl. H.
in F. Hr. in E.
I. II. Fag. III.
Baßkl. in B.

langsamer

poco riten. a tempo

pizz. Bog.

I. II. Viol.
Br.

zurückhaltend

I.

Un - hol - den treu und hold mußt I - sol - de fol - gen. Nun führst du in dein Ei - gen, dein

Vcl.
K. B.

pizz. Bog. pizz.

riten.
Hob.
Klar. in B.
Engl. H.
in F.
Hr.
in E.
Fag.
Baßkl. in B.
Pos.
Pk.
riten.
I.
Viol.
II.
Br.
I.
Er - be mir zu zei - gen; wie flöh ich wohl das Land, das al - le Welt umspannt? Wo Tristans Haus und
Vcl.
K. B.
pp dolce
piu p
p dolce
dolce
Bog.
pizz.

rallent.
molto rit.
Hob.
Klar. in B.
Engl. H.
in F.
Hr.
in E.
Fag. I. II.
Baßkl. in B.
Pos. II. III.
Pk.
I.
Viol.
II.
Br.
I.
Heim, da kehr I - sol - de ein: auf dem sie fol - ge treu und hold, den Weg nun_ zeig I -
Vcl.
K. B.

Langsam und zögernd.
(allein)
Hob. I.
pp sehr zart
morendo
Klar. in B.
pp
sehr zart
morendo
Engl. H.
pp sehr zart
cresc.
(allein)
Fag. I.
pp sehr zart
morendo
Baßkl. in B.
pp sehr zart
morendo
Langsam und zögernd.
(noch mit Dämpfer)
morendo
I. Viol. II.
pp
(ohne Dämpfer)
(ohne Dämpfer)
Br.
B. Isolde bleibt sitzen.
(Tristan neigt sich langsam über sie, und küßt sie sanft auf die Stirn.)
(Melot fährt wütend auf.)
I.
sold!
pizz.
Vcl.
pp
Lebhaftes Zeitmaß.
Hob.
ff
Klar. in B.
Engl. H.
in F. Hr. in E.
f
zu 2
Fag.
f
II. III.
Pos.
f
Lebhaft.
(ohne Dämpfer)
stacc.
I. Viol. II.
stacc.
Br.
stacc.
Tristan.
(Tristan zieht sein Schwert, und wendet sich schnell um.)
T.
Wer
Melot (das Schwert ziehend). B. Nicht vortretend, sondern schräg zu Marke.
M.
Ver-rä-ter! ha! Zur Ra - che, Kö-nig! Dul-dest du diese Schmach?
(ohne Dämpfer)
Vcl.
Bog.
K. B.

Hob. / Klar. in B. / Engl. H. / in F. Hr. in E. / Baßkl. in B. / Fag. / Pos. II. III. / I. Viol. II. / Br. / T. / Vcl. / K. B.

zu 2

II.

stacc.

(Er heftet den Blick auf Melot.)

B. Ohne jede

T.: wagt sein Le-ben an das mei-ne? Mein

Hob. II. / Klar. in B. / in F. Hr. in E. / Baßkl. in B. / Fag. I. II. / Br. / T. / Vcl. / K. B.

poco riten. accel.

Ironie, sehr ernst.

etwas zurückhaltend

T.: Freund war der, er minnte mich hoch und teu-er; um

pizz.

Bog.

a tempo
poco riten.
accel.
Hob. II.
Klar. in B.
in F.
Hr.
in E.
Baßkl. in B.
Fag. I. II.
Br.
T.
etwas zurückhaltend
Ehr und Ruhm mir war er be-sorgt wie kei-ner: zum
Vcl.
K. B.
noch lebhafter
zu 2
Hob.
Klar. in B.
Engl. H.
Baßkl. in B.
I. Viol. II.
Ü-bermut trieb er mein Herz; die Schar führt er, die mich ge-drängt,
pizz.
Bog.
cresc.

Sehr lebhaft.
zu 2
molto riten.
Etwas langsam.
Hob.
Klar. in B.
Engl. H.
in F.
Hr.
in E.
Fag.
Baßkl. in B.
Sehr lebhaft.
riten.
Etwas langsam.
I.
Viol.
II.
Bog.
Br.
T.
Ehr und Ruhm mir zu meh- - ren, dem Kö-nig dich zu ver-mäh-len!
Vcl.
K. B.

Klar. in B.
Engl. H.
Hr. I. in F.
Fag.
Baßkl. in B.
I. Viol. II.
Br.
T.
Vcl.
accel.
riten.
cresc.
B. Düster,
Dein Blick, I - sol - de, blen - det' auch ihn; aus Ei - fer ver - riet mich der Freund dem
in F. Hr. in E.
Fag. I. II.
Baßkl. in B.
Pos.
B. T.
Pk.
K. B.
Wieder lebhaft.
molto cresc.
pizz.
Bog.
dim.
schwermütig ruhig, wie ein feierliches Bekenntnis „so ist es!"
Kö - nig, den ich ver - riet!

Gr. Fl.
Hob.
Klar. in B.
Engl. H.
in F.
Hr.
in E.
Fag.
Baßkl. in B.
I. II. in F.
Trp.
III. in D.
Pos.
B. T.
Pk.
I.
Viol.
II.
Br.
(Er dringt auf Melot ein.)
(Als Melot ihm das Schwert entgegenstreckt, läßt Tristan das seinige fallen, und sinkt verwundet in Kurwenals Arme. Isolde stürzt sich an seine Brust. Marke hält Melot zurück. Der Vorhang fällt schnell.)
T.
Wehr' dich! Melot!
Vcl.
Bog.
K. B.

Gr. Fl.
Hob.
Klar. in B.
Engl.H.
in F.
Hr.
in E.
Fag.
Baßkl. in B.
I. II. in F.
Trp.
III. in D.
Pos.
B. T.
Pk.
I.
Viol.
II.
Br.
Vcl.
K. B.
dim.
p
f
ff
più p
tr

Dritter Aufzug.

I.
Viol.
II.
gedehnt
più p
gedehnt
più p
p
cresc.
f
dim.
p
dim.
Br.
Vcl.
K. B.
più p
Hob. I.
ausdrucksvoll
Klar.
in B.
pp weich
pp
dim.
I.
Hr.
in F.
II.
zart
Fag.
I.
Viol.
II.
(G)
pp
I. (allein)
ausdrucksvoll
die übrigen (get.)
p weich
alle
Vcl.
K.B.

Hob. I.
Hr. II. in F.
Fag.
Viol.
Br.
Vcl.
K. B.
molto cresc.
più f
ff
cresc.
f
dim.
I. II.
III. (allein)
alle
più cresc.
p
più p
pp
I.
(Hier wird der Vorhang aufgezogen.)

Erste Szene.

Burggarten. Zur einen Seite hohe Burggebäude, zur anderen eine niedrige Mauerbrüstung, von einer Warte unterbrochen; im Hintergrunde das Burgtor. Die Lage ist auf felsiger Höhe anzunehmen; durch Öffnungen blickt man auf einen weiten Meereshorizont. Das Ganze macht den Eindruck der Herrenlosigkeit, übel gepflegt, hie und da schadhaft und bewachsen.
Im Vordergrunde, an der inneren Seite, liegt Tristan unter dem Schatten einer großen Linde, auf einem Ruhebett schlafend, wie leblos ausgestreckt. Zu Häupten ihm sitzt Kurwenal, in Schmerz über ihn hingebeugt und sorgsam seinem Atem lauschend. — Von der Außenseite hört man einen Hirtenreigen blasen.

Fag. I. II.
Viol. I.
II.
Br.
H.
K.
Vcl.
K. B.
pizz.
Bog.
sf
p
wendet ein wenig das Haupt nach ihm.)
Hör doch, Freund! Wacht er noch nicht?
Kurwenal.
(Er schüttelt traurig mit dem Kopf.)
Erwachte er, wär's doch nur um für
in F.
Hr.
in E.
Fag. I.
poco riten.
a tempo
zart
poco cresc.
più p
pp
riten.
im-mer zu ver-schei - den:
erschien zu - vor die Ärz-tin

in F.
Hr.
in E.
Fag.I.
I.
Viol.
II.
Br.
K.
Vcl.
K.B.
ten.
p dolce
dim.
zart
nicht, die einz' - - ge die uns hilft.
Sahst du noch
più p
(get.)
pp
Hirt.
H.
Ei-ne an-dre Wei - se hör-test du
nichts? kein Schiff noch auf der See?
Viol.II.
cresc.
(zus.)
mf
dann, so lu-stig als ich sie nur kann.
Nun sag auch ehr-lich, al-ter Freund: was
pizz.

I. Viol. II.
Br.
H.
hat's mit unserm Herrn?
Kurwenal.
K.
Laß die Frage: du kannst's doch nie er-fah-ren. Eif-rig
Vcl.
Bog.
K.B.
accel.
a tempo
sehr gedehnt
spähh; und siehst du ein Schiff, so spie-le lustig und hell!
(Der Hirt wendet sich, und späht, mit der Hand überm Auge, nach dem Meer aus.)
Fag. I. II.
(a. d. Theater.)
Engl. H.
Hirt.
Öd' und leer das Meer!
(Er setzt die Schalmei an den Mund und entfernt sich blasend.)

accel.
ritard.
Viol. II.
Br.
Engl. H.
Vcl.
pp
sf
p
sf
dim.
Langsam.
a tempo
allein
Hr. III in E.
Viol. II.
Br.
Engl. H.
T.
Vcl.
K.B.
p
allmählich schwindend
sehr zögernd
Tristan. (bewegungslos, dumpf)
Die al - te Wei - se; — was weckt sie
sehr zögernd
pp
Lebhaft.
Hob. I.
Baßkl. in B.
II in F.
Hr.
III. IV in E.
Fag. I. II.
cresc.
Lebhaft.
I.
Viol.
II.
Br.
poco cresc.
(Er schlägt die Augen auf und wendet das Haupt ein wenig.)
T.
mich? Wo bin ich?
Kurwenal (fährt erschrocken auf).
K.
Ha! Ha! die-se Stim - me! Sei - ne Stim -
Vcl.
K.B.
pizz.
sf

Hob.
Klar. in B.
I in F.
II Hr. in F.
III.IV in E.
Fag.
I. Viol. II.
pizz.
Bog.
Br.
K.
me!
Tri - stan!
Her - re!
Mein
Vcl.
K.B.
cresc.
Hob.I.
Fag.I.II.
Held!
Mein
Tri -

Gr.Fl.I.
Hob.
Klar. in B.
in F.
Hr.
in E.
Fag.
I.
Viol.
II.
Br.
T.
K.
Vcl.
K.B.
zu 2
Tristan (mit Anstrengung)
Wer ruft mich?
stan!
End - lich! End - lich!
dim.
Le - ben, o Le - ben! Sü - ßes

Hob.
Klar. in B.
in F. Hr. in E.
Fag.
I. Viol. II.
Br.
T.
K.
Vcl.
K.B.
zu 2
rallent.
Etwas langsam.
dim.
piu p
pp
poco rallent.
Etwas langsam.
Tristan.
(matt, ein wenig auf dem Lager sich erhebend.)
Kur-wenal — du? Wo war ich? Wo bin ich?
etwas zurückhaltend
Le - ben, mei-nem Tri - stan neu ge - ge - ben!
Vorheriges Zeitmaß.
Fag. I. II.
II.
cresc.
nicht zu kurz gestoßen
pizz.
Bog.
Wo du bist?
In Frie - den, sicher und frei!

Klar. in B.
Hr. II in F.
Fag. I. II.
I. Viol. II.
Br.
T.
K.
Vcl.
K.B.
p cresc. f
I. II.
pizz.
Mei - ner
Ka - re-ol, Herr: kennst du die Burg der Vä - ter nicht?
Belebend.
Hob. I.
Klar. in B.
in F. Hr. in E.
Trp. I. II. in D.
Fag.
I. Viol. II.
Br.
T.
K.
Vcl.
K.B.
dim. più p pp
(nach C)
Vä-ter? Was er-klang mir?
Sieh dich nur um! Des Hir - ten Wei - se
zu 4 Bog. più p
pizz.
Bog.
sf mf p

Hob.
Klar. in B.
I in F. Hr. II in F.
Fag. I. II.
I. Viol. II.
Br.
T.
K.
Vcl.
K.B.
pizz.
Bog.
Mei - ne Herde?
hör - test du wie - der; am Hü - gel ab hütet er dei-ne Her - de.
Belebend.
in F. Hr. in C.
zu 2
Trp. I. II. in C.
Herr, das mein' ich! Dein das Haus, Hof — und Burg! Das Volk, ge-

Hob.
Klar. in B.
in F. Hr. in C.
Fag.
Trp. II in C.
I. Viol. II.
Br.
K.
Vcl.
K.B.
zu 2
cresc.
pizz.
Bog.
più f
treu dem trau - ten Herrn, so gut es konnt, hat's Haus und Hof ge -
pflegt, das einst mein Held zu Erb und Ei - gen an Leut und Volk verschenkt, als al - les er verließ, in

B. Nicht zu breit, quasi 2/2
Ein wenig breiter.

Hob.
Klar. in B.
Hr. in F.
Fag.
Trp. I.II in F.
I. Viol. II.
Br.
T.
K.
Vcl.
K.B.

Tristan.
In welches Land?

K.
fremde Land zu ziehn. Hei! Nach Kornwall: kühn und wonnig,

was sich da Glan-zes, Glückes und Eh- - - ren Tri-stan, mein Held, hehr er-trotzt!

poco rallent.

Etwas langsam.
Etwas bewegter.
Klar. II in B.
Fag. I. II.
I.
Viol.
II.
Br.
T.
K.
Vcl.
Bog.
gedehnt
cresc.
dim.
più p
Bin ich in Kornwall?
Wie kam ich her?
Nicht doch: in Ka-re-ol!
Hei nun! Wie du kamst? Zu
Hob. I.
Hr. I. III. IV in F.
III. IV.
pizz.
Roß rittest du nicht; ein Schifflein führte dich her:
doch zu dem Schifflein hier auf den Schultern trug ich dich; —
K.B.

Etwas zurückhaltend.
Immer mehr belebend.
ausdrucksvoll
Hob. I.
Hr. III. IV. in F.
Fag. I. II.
Etwas zurückhaltend.
Immer mehr belebend.
I.
Viol.
II.
stacc.
pizz.
Br.
K.
die sind breit: sie trugen dich dort zum Strand. Nun
Vcl.
K.B.
pizz.
Hob. I.
Klar. I in B.
Hr. in F.
Fag. I. II.
Pk.
I.
Viol.
II.
Bog.
Br.
K.
bist du da - heim, da - heim zu
Vcl.
K.B.
Bog.
cresc.

Etwas breiter.
Gr.Fl.
cresc.
cresc.
Hob.
cresc.
Klar. in B.
Hr. in F.
zu 2
Fag.
III
cresc.
Trp. I.II in F.
Pk.
Etwas breiter.
I.
Viol.
II.
Br.
K.
Land: im ech-ten Land, im Hei-matland; auf
Vcl.
K.B.

Etwas zurückhaltend.
Gr. Fl. I. II.
Hob.
Klar. in B.
Hr. in F.
immer f
Fag.
zu 2
sehr gehalten
Etwas zurückhaltend.
I. Viol. II.
Br.
K.
eig' - ner Weid und Won - ne, im Schein der al - ten Son - - ne, dar - in von Tod und Wunden du
Vcl.
K.B.
dim.
Sehr allmählich ein wenig zurückhaltend.
p (zart)
Klar. I in B.
Baßkl. in B.
I. II. Hr. in F. III. IV.
più p
Sehr allmählich ein wenig zurückhaltend.
(Er schmiegt sich an Tristans Brust.)
se - - lig sollst ge - sun - - den.

Baßkl. in B.
ausdrucksvoll
Mäßig langsam.
dim.
p
I. II.
pp
Hr. III. in F.
IV.
dim.
I.
Viol.
II.
Br.
più p
T.
Tristan.
Dünkt dich das? Ich weiß es
Vcl.
cresc.
K. B.
Hr. III. IV. in F.
Fag.
anders, doch kann ich's dir nicht sagen.
Wo ich er-wacht —
weilt ich

Hr. III.IV. in F.
Fag.
T.
nicht; doch, wo ich weil-te, das kann ich dir nicht sagen. Die Son - ne sah ich
Vcl.
K.B.
Hr. III.IV in F.
più p
pp
ppp
Baßkl. in B.
nicht, noch sah ich Land und Leu-te: doch, was ich sah, das kann ich dir nicht sa-gen.
(mit Dämpfer)
Hr. II in F.
Pos.
B.T.
Ich war, wo ich von je ge - we - sen, wo-hin auf je ich geh: im wei - ten Reich der
Vcl. K.B.

Sehr langsam.
Hr. II in F.
piu p
ppp
Fag.
Baßkl. in B.
Pos.
pp
piu p
ppp
B.T.
Sehr langsam.
I. Viol. II.
(mit Dämpfer)
pp
ppp
Br.
(mit Dämpfer)
T.
riten.
Wel - ten-nacht. Nur ein Wissen dort uns ei - gen: gött - lich ew'-ges Ur - ver-ges - sen!
Vcl.
K.B.
Sehr allmählich belebend.
Klar. I in B.
Fag.
Sehr allmählich belebend.
I. Viol. II.
Br.
T.
Wie schwand mir sei-ne Ah-nung? Sehn - sücht' - ge Mahnung, nenn ich dich, die neu dem
Vcl.

Klar. in B.
I in F.
Hr.
III.IV in E.
Fag.
Baßkl. in B.
Pk.
I.
Viol.
II.
Br.
T.
Vcl.
K.B.
poco cresc.
più cresc.
poco f
cresc.
dim.
(ohne Dämpfer)
trem.
espress.
pizz.
Bog.
Licht des Tags mich zu - ge - trie - ben?
Was ein-zig mir ge - blie-ben,
III in E.
Fag I.II.
ein heiß - - in-brün - stig Lie-ben, aus To - des-won - ne Grau-en jagt's mich, das

Gr.Fl.I.
Hob.
Klar. in B.
I.
Hr. in F.
III.IV.
in F
I.
Fag.
Baßkl. in B.
I.
Viol.
II.
trem.
Br.
T.
Licht zu schauen, das trü - gend hell und gol - den noch dir, I - sol - - den,
Vcl.
K.B.
ff
dim.
p
f
mf
più f
p cresc.
ff dim.
f dim.

Belebt (doch nicht schnell)
Gr. Fl. I. II.
Hob.
Klar. in B.
I. Hr. in F. III. IV.
Fag.
Baßkl. in B.
zu 2
Belebt (doch nicht schnell)
I. Viol. II.
Br.
T.
(Er richtet sich allmählich immer mehr auf.)
scheint! (Kurwenal birgt, von Grausen gepackt, sein Haupt.) I - sol - de noch im Reich der Son -
Vcl.
K.B.
Gr. Fl.
Hob.
cresc.
Klar. in B.
I. Hr. in F. III. IV.
Fag.
Baßkl. in B.
più f
I. Viol. II.
Br.
T.
ne! Im Ta - ges-schim - mer noch I - sol - de!
Vcl.
K.B.

Immer mehr belebend
zu2
Gr.Fl. I.II.
Hob.
Hr. in F.
Fag.
Baßkl. in B.
Viol.
Br.
T.
Wel-ches Seh - nen! Wel-ches Ban - gen! Sie zu
Vcl.
K.B.
(auch im Zeitmaß.)
Klar. in B.
Pos.
se - hen, welch Ver- lan - gen! Kra - chend

Gr.Fl.I.II.
Hob.
Klar. in B.
Hr. in F.
Fag.
Baßkl. in B.
Pos.
Pk.
Viol. II.
Br.
T.
Vcl. K.B.
hört ich hin - ter mir schon des To - des Tor sich
schlie - ßen: weit nun steht es wie-der of-fen, der Son - ne Strah - len
Viol.
piu p
dim.
cresc.
poco cresc.
piu cresc.
trem.
zu 2
fp
sf

Hob.
Klar. in B.
Hr. in F.
Fag. II. III.
Baßkl. in B.
Pos. III.
I. Viol. II.
Br.
T.
Vcl.
K.B.
zu 2
III. allein
molto cresc.
sprengt' es auf; mit hell er-schloß-nen Au-gen muß ich der Nacht ent-tau-chen,
Bewegt.
Hob. II.
Klar. II. in B.
I. Hr. in F. III. IV.
I. II. Fag. III.
pizz.
Bog.
sie zu su-chen, sie zu se-hen; sie zu

rallent.

Hob. / Klar. in B. / Hr. in F. I. IV. / Fag. / Baßkl. in B. / Viol. I. II. / Br. / T. / Vcl. / K.B.

fin - den, in der ein - zig zu ver - ge - hen, zu ent - schwin - den Tri - stan ist ver-

Etwas gedehnt.

Klar. in B. / Hr. II. in E. IV. in F. / Fag. I. II. III. / Baßkl. in B. / Viol. I. II. / Br. / T. / Vcl. / K.B.

gönnt. Weh, nun wächst, bleich und bang, mir des Ta - ges wil - der

accel.
in F
I. Hr. in F. IV.
zu 2
Fag.
Baßkl. in B.
Pk.
I. Viol. II.
Br.
T.
Drang; grell und täu - schend sein Ge - stirn weckt zu Trug und
Vcl.
K.B.
pizz.
Hob.
Klar. I. in B.
Wahn mir das Hirn. Ver -
molto cresc.

riten.
accel.
riten.
accel.
Sehr bewegt.
zu2
Gr. Fl. I. II.
Hob.
Klar. in B.
Trp. I. II. in F.
I. IV. in F.
Hr.
III. II. in E.
Fag.
Baßkl. in B.
cresc.
zus.
I.
Viol.
II.
Br.
T.
fluch - ter Tag mit dei - nem Schein! Wachst du e - - - - -
Vcl.
K. B.
Bog.

Hob.
Klar. in B.
I.IV. in F.
Hr. III.II. in E.
Fag.
Baßkl. in B.
Viol. I. II.
Br.
T.
Vcl.
K.B.
zu2
trem.
dim.
- wig mei - - - ner Pein? Brennt sie e - - wig, die - se Leuch -
Sehr allmählich langsamer werdend.
Gr.Fl.I.
Hob.I.
Klar. in B.
Hr. I. in F.
Fag. I.II.
Baßkl. in B.
Sehr allmählich langsamer werdend.
allmählich abnehmend
più p
- te, die selbst nachts von ihr mich scheuch-te? Ach, I - sol - - de, sü - - ße Hol - de!
pizz.

Immer ruhiger.
Hob. I.
Klar. in B.
più p
Hr. I. in F.
p dolce
Fag.
Baßkl. in B.
Viol.
Br.
trem.
T.
(immer mehr ermattend.)
Wann end - lich, wann, ach wann lö - schest du die Zün - de, daß sie mein Glück mir
pizz.
Vcl.
B. immer ruhiger.
dim.
mit Dämpfer
dolce
(Er sinkt erschöpft leise zurück.)
kün - de? Das Licht wann löscht es aus?
Bog.
pp

Mäßig beginnend, und schnell bewegter.
Klar. in B.
I. in F. Hr. III.IV. in E.
I. Fag. II.
Baßkl. in B.
Mäßig beginnend, und schnell bewegter.
I. Viol. II.
Br.
pizz.
T.
Wann wird es Ruh im Haus?
(Nach großer Erschütterung aus der Niedergeschlagenheit sich aufraffend.)
Kurwenal.
K.
Der einst ich
Vcl.
K.B.
Bog.
cresc.
Hob.
zu 2
Klar. in B.
in F. Hr. in E.
Trp. I.II. in E.
Fag.
Baßkl. in B.
stark belebend.
I. Viol. II.
ohne Dämpfer Bog.
Br.
K.
trotzt, aus Treu zu dir, mit dir nach ihr nun mußich mich seh - nen. Glaub meinem
Vcl.
K.B.

Gr.Fl.I.II.
Hob.
Klar. in B.
in F.
Hr.
in E.
Trp.I.II. in E.
Fag.
I.
Viol.
II.
Br.
K.
Vcl. K.B.
zu 2
cresc.
Wort: du sollst sie se-hen, hier und heut; den Trost kann ich dir
rallent.
Langsamer.
Hob.
Hr. III. IV. in E.
Fag.
Viol. I.
Viol.II.
Br.
T.
K.
Vcl.
K.B.
dim.
più p
trem.
pizz.
Tristan.
(sehr matt)
Noch losch das Licht nicht aus, noch
ge - - ben, ist sie nur selbst noch am Le - ben.

Klar. I. in B.
Hr. III. in E.
Fag.
Viol. II.
Br.
T.
Vcl.
ward's nicht Nacht im Haus: I - sol - de lebt und wacht; sie rief mich aus der Nacht.
Schnell belebend.
Hob. II.
Klar. in B.
in F.
Hr.
in E.
Fag.
Schnell belebend.
I. Viol. II.
Br.
Kurwenal.
K.
Lebt sie denn, so laß dir Hoff - nung la-chen! Muß
Vcl.
pizz.
Bog.
K.B.

Hob.
Klar. in B.
in F.
Hr.
in E.
Fag.
I.
Viol.
II.
Br.
K.
Vcl.
K.B.
Gr. Fl. I. II.
Kur - we-nal dumm dir gel - ten, heut sollst du ihn nicht
schel - ten.
pizz.
Bog.
cresc.
molto cresc.
dim.

Hob. II.
Klar. in B.
Hr. III IV. in E.
Fag.
Viol. I.
II.
Br.
K.
Vcl.
K.B.
dim.
p
cresc.
f
pizz.
Bog.
Wie tot lagst du seit dem Tag, da Me-lot, der Ver-ruch - te, dir ei-ne
Klar II. in B.
Hr. III. IV. in E.
Fag. I.
II.
Wun-de schlug.
Die bö - se Wun - de, wie sie hei-len?

Hob. I.
Klar. I. in B.
Hr. III. IV. in E.
Fag. I. II.
Viol. I. II.
Br.
K.
Vcl.
K.B.
p dolce
Mir tör' - gem Man - ne dünkt' es da, wer einst dir Mo - rolds Wun - de
Gr. Fl. I.
p cresc.
cresc.
f
ff
schloß, der heil - te leicht die Pla - - gen, von Me - lots Wehr ge -

ausdrucksvoll
Hob.I.
Klar.I. in B.
Hr.III.IV. in E.
Fag.I.II.
Viol. I.
Viol. II.
pizz.
Bog.
Br.
K.
schla-gen. Die be - ste Ärz - - - - - tin bald ich
Vcl.
Hob.
cresc.
Fag.
K.
fand; nach Korn - wall hab ich aus - ge - sandt:
K.B.

Gr. Fl. I. II. — Hob. — Klar. in B. — in F. Hr. in E. — Fag. I. II. — I. Viol. II. — Br. — K. — Vcl. K.B.

cresc. — cresc. — cresc. — cresc. — f — accel.

K.: ein treu - er Mann wohl ü-bers Meer bringt dir I - sol - den

---

Sehr lebhaft.

Hob. — Klar. in B. — in F. Hr. in E. — Fag. — Trp. I. in F. — I. Viol. II. — Br. — T. — K. — Vcl. — K.B.

ff

Tristan (außer sich)

T.: I - sol - - - de kommt!

K.: her.

Gr.Fl.I.II.
Hob.
Klar. in B.
in F.
Hr.
in E.
Fag.
Trp. I.II. in F.
Pos.
Pk.
I.
Viol.
II.
Br.
T.
Vcl.
K.B.
zu 2
piu f
(er ringt gleichsam nach Sprache.)
I-sol-de naht!

poco riten.
Gr.Fl.I.II.
Hob.
Klar. in B.
in F.
Hr.
in E.
Fag.
Trp. I.II. in F.
Pos.
Pk.
tr
dim.
ff
p
poco riten.
I.
Viol.
II.
Br.
T.
O Treu - - - - - - e! Heh - re, hol - de
Vcl.
K.B.
ff
dim.

a tempo
in F.
Hr.
in E.
Fag.
a tempo
sehr feurig
I.
Viol.
II.
molto cresc.
Br.
T.
(Er zieht Kurwenal an sich und umarmt ihn.)
Treu - - - e!
K.B.
Von hier an das Zeitmaß etwas mäßiger als anfangs.
Hob.II.
Klar. in B.
in F.
Hr.
in E.
Trp. I.II. in F.
Fag.
Von hier an das Zeitmaß etwas mäßiger als anfangs.
I.
Viol.
II.
Br.
T.
Mein Kur - we-nal, du trau - - - ter
Vcl.
K.B.
pizz.

Hob.
Klar. in B.
in F. Hr. in E.
Trp. I. II. in F.
Fag.
I. Viol. II.
Br.
T.
Vcl.
K. B.
fp
cresc.
Freund! du Treu - er oh-ne Wan - ken, wie soll dir Tri-stan dan - ken?
pizz.
Bog.
Etwas breit.
Gr. Fl. I. II.
ausdrucksvoll
dim.
Mein Schild, mein Schirm in Kampf und Streit, zu Lust und Leid mir stets be - reit:
zus.

Hob.
Klar. in B.
in F.
Hr.
n E.
Fag.
cresc.
dim.
Viol.
I.
II.
Br.
T.
wen ich ge - haßt, den haß - test du; wen ich ge-
Vcl.
K.B.
pizz.
Bog.
poco riten.
accel.
a tempo
Gr.Fl.I.II.
zu 2
più p
minnt, den minn - test du. Dem
f ausdrucksvoll

Klar. in B.
Hr. I. II in F.
Fag.
Viol. II.
Br.
T.
Vcl.
K. B.
p dolce
pizz.
guten Marke, dient ich ihm hold, wie warst du ihm treu - er als
pizz. p dolce
Gr. Fl. I. II.
Hob.
Klar. in B.
in F.
Hr.
in E.
Fag.
I.
Viol.
II.
Br.
T.
Vcl.
K. B.
zu 2
cresc.
poco riten.
Bog.
Gold!
Mußt ich ver-ra - ten den

a tempo
Noch beschleunigend.
Hob.
Klar. in B.
in F.
Hr.
in E.
Fag.
Viol. I. II.
Br.
T.
Vcl.
K. B.
zu 2
ed - len Herrn, wie be - trogst du ihn da so gern!
Dir nicht
ei - gen, ein - zig mein,
più f
cresc.

Sehr zurückhaltend.
Noch gedehnter.
Weniger gedehnt.
zu 2
Gr. Fl. I. II.
Hob.
Klar. in B.
sehr gehalten
in F.
Hr.
in E.
ff sehr gehalten
Fag.
Trp. I. in F.
ausdrucksvoll
cresc.
Pos. I.
(allein)
dim.
Sehr zurückhaltend.
Noch gedehnter.
Weniger gedehnt.
Viol. I.
II.
ff vibrato
vibrato
Br.
T.
mit = lei-dest du, wenn ich lei-de: nur was ich lei - de, das kannst du nicht
Vcl.
pizz.
K. B.
ff sehr gehalten

Lebhaft. (Doch nicht zu schnell beginnend.)
Hob.
Klar. in B.
in F.
Hr.
in E.
Fag.
Baßkl. in B.
Viol.
Br.
T.
Vcl.
K.B.
zu 2
III.
cresc.
poco a poco
Bog.
lei - den! Dies furcht - ba-re Seh - nen, das mich sehrt; dies schmachten-de
Fag. III.
Bren - nen, das mich zehrt; wollt ich dir's nen - nen, könn-test du's ken - nen:

NB. Die hier und in den folgenden 9 Takten in Parenthese stehenden (>) Zeichen sind Mottls Partitur entnommen.

Gr. Fl. I. II.
Hob.
Klar. in B.
in F.
Hr.
in E.
I.
Viol.
II.
Br.
T.
Se - gel sich blä - hen, wo vor den Win - den, mich zu fin - den, von der Lie - be
Vcl.
Gr. Fl. I. II.
Hob.
Klar. in B.
Trp. I. II. in F.
in F.
Hr.
in E.
Fag.
Baßkl. in B.
Pos. I.
(allein)
I.
Viol.
II.
Br.
T.
Drang be - feu - ert, I - sol - - - - de zu mir steu - ert! —
Vcl.
zu 2
più f

Gr. Fl. — I. II. — II. III. — I.

Hob.

Klar. in B.

Hr. in F. — zu 2

Hr. in E.

Fag. — zu 2

Baßkl. in B.

Trp. I. II. in F.

Pos. — I.

B. T.

Pk.

I. Viol.

II. Viol.

Br.

T.: Es naht! Es naht mit mu - tiger Hast!

Vcl.

K. B.

p cresc. — *mf* — *cresc.* — *ff* — *f* — *p* — *tr*

Gr. Fl.
Hob.
Klar. in B.
in F.
Hr.
in E.
Fag.
Trp. I. II. in F.
Pos.
B. T.
Pk.
I.
Viol.
II.
Br.
T.
Sie weht, sie weht – die Flag - ge am Mast. Das Schiff! das Schiff! dort streicht es am
Vcl.
K. B.

B. Tristan bleibt in Extase, welche erst im 6ten Takt abnimmt.
(Als Kurwenal, um Tristan nicht zu verlassen, zögert, und dieser in schweigender Spannung auf ihn blickt, ertönt, wie zu Anfang, die klagende Weise des Hirten.)

I. Viol. II.
Br.
Engl. H.
T.
K.
Vcl.
trem.
pp
p
piu p
ff
f
dim.
(Tristan hat mit abnehmender Aufregung gelauscht und beginnt nun mit
(Kurwenal, niedergeschlagen)
Noch — ist kein Schiff zu sehn!
pizz.
wachsender Schwermut.)
sf
Muß ich dich so ver-stehn,
Bog.
Fag. I. II.
Pk.
tr
K. B.
du al-te ern - ste Wei-se, mit dei - ner Kla - ge Klang? —

Hob. I.
Fag. I.
Pk.
Engl. H.
T.
Br.
Vcl.
K.B.
(zart)
tr
più p
pp
cresc.
dim.
Durch A - bend - we - hen drang sie bang, als
Klar. I in B.
Hr. I in F.
Baßkl. in B.
(auf dem Theater)
sf
pizz.
einst dem Kind des Va - ters Tod ver - kün - det; — durch Mor -

Klar. in B.
Hr. I. II in F.
Fag. III.
Baßkl. in B.
Pk.
Br.
Engl. H.
T.
gen-grau-en bang und bän-ger, als der Sohn der Mut - ter Los
Vcl.
pizz.
K.B.
Sehr zurückhaltend.
Etwas weniger zurückgehalten.
Erstes Zeitmaß.
Hob. I.
cresc.
dim.
Klar. in B.
più p
Hr. II in F.
Fag. I. III.
III.
I.
Baßkl. in B.
Pk.
molto riten.
(mit Dämpfern)
poco riten.
Erstes Zeitmaß.
I.
Viol.
II.
trem.
Br.
Sehr zurückhaltend.
Etwas weniger zurückgehalten.
Engl. H.
dim.
T.
— ver - nahm. Da er mich zeugt' und starb, sie ster-bend mich ge - bar, — die al - te
Vcl.

Hob. I.
Klar. I in B.
Hr. II in F.
Fag. I.
Baßkl. in B.
I.
Viol.
II.
Br.
T.
Vcl.
p
più p
sf
pp
Wei - se sehn - sucht-bang zu ih - nen wohl auch kla - gend drang, die einst mich
Hob. I.
Klar. I in B.
I. in F.
Hr.
II. in F.
Fag. I.
Br.
T.
Vcl.
frug, und jetzt mich frägt: zu wel - chem Los er - ko - ren, ich da - mals wohl ge - bo - ren?

accel.
Hob. I.
Klar. I in B.
I. in F. Hr. II. in F.
Fag. I.
sf
dim.
accel.
(Die Bratschen sowie die Violinen nehmen die Dämpfer fort.)
Br.
cresc.
dim.
(a.d.Th.)
Engl.H.
T.
Zu wel-chem Los?
Die al - te Wei - se sagt mir's wie - der:
Vcl.
get.
Gr. Fl.
Hob.
Klar. in B.
Baßkl. in B.
in F. Hr. in F.
Fag.
Pk.
I. Viol. II.
Br.
Engl.H.
T.
mich seh - nen und ster - ben!
Vcl.
K.B.
zu 3
zu 2
(sehr gehalten)
più p
in F
(die Dämpfer fort)
pizz.
Bog.
get.
(gut gehalten)

zu 3
Gr. Fl.
zu 2
Hob.
Klar. in B.
Baßkl. in B.
Hr. in F.
Fag.
B.T.
f
(feurig)
I.
Viol.
II.
Br.
T.
Nein! Ach nein! So heißt sie nicht!
Vcl.
(feurig)
K.B.

Etwas beschleunigend.
Gr.Fl.
più f
zu 2
Hob.
immer f
Klar. in B.
Baßkl. in B.
Trp.I.II. in F.
f
Hr. in F.
Fag.
B. T.
Etwas beschleunigend.
I.
Viol.
II.
Br.
T.
Seh - nen! Seh - - - - nen! Im
Vcl.
K.B.

Gr. Fl.
Hob.
Klar. in B.
Baßkl. in B.
Trp. I. II. in F.
Hr. in F.
Fag.
Pos.
B. T.
I. Viol. II.
Br.
T.
Vcl.
K. B.
zu 2
I.
cresc.
più f
ff
p
Ster - ben mich zu seh - nen, vor Sehn - sucht nicht

Wieder ruhiger, wie zuvor.
Gr. Fl.
Hob.
zu 2
Klar. in B.
Baßkl. in B.
Trp. I. II. in F.
Hr. in F.
Fag.
Pos.
B. T.
Wieder ruhiger, wie zuvor.
I. Viol. II.
Br.
Engl. H.
(a. d. Th.)
T.
zu ster - ben!
Vcl.
K. B.
Hob. I.
Klar. I. in B.
I. Fag. II.
Viol. II.
Br.
Engl. H.
T.
Die nie er - stirbt, seh - nend nun ruft um Ster - bens
Vcl.

Klar. I in B.
morendo
Hr. I in F.
Baßkl. in B.
(ausdrucksvoll)
dim.
(zart)
I. Fag. II. III.
(zart)
più p
(mit Dämpfer)
Viol. II.
Br.
T.
Ruh sie der fer-nen Ärz - tin zu.
Vcl.
(nur 2)
pizz.
K.B.
Gr. Fl. I. II.
zu 2
Hob.
Klar. in B.
(ausdrucksvoll)
I. Hr. II. in F. III. IV.
più p
Baßkl. in B.
Fag.
(mit Dämpfer)
I. Viol. II.
molto
(mit Dämpfer)
Br.
molto
T.
Ster - bend lag ich stumm im Kahn, der Wun-de Gift dem Her-zen nah: Sehn -
(mit Dämpfer)
Vcl.
molto
(alle) Bog.
K.B.

riten.
a tempo
zu 2
Gr. Fl. I. II
Hob.
Klar. in B.
I. in F.
Hr. II. in F.
III. IV. in F.
Baßkl. in B.
Fag.
Pk.
Viol.
Br.
T.
Vcl.
K. B.
(in C.)
(in E.) zu 2
(ohne Dämpfer)
(nur 2)
pizz.
Bog.
dim.
p dolce
più p
p espress.
- suchtkla - gend klang die Wei-se; den Se - gel bläh-te der Wind hin zu Ir- lands Kind.

Etwas belebend.
Gr.Fl.I.II
Hob.
Klar. in B.
II. in C.
Hr.
III.IV. in E.
zu 2
Fag.
Baßkl. in B.
Pk.
Etwas belebend.
I.
Viol.
II.
Br.
T.
Die Wun - de, die sie hei - lend schloß,
Vcl.
K. B.
dim.
cresc.
più p
pizz.
Bog.
(alle) pizz.

II.
zu 2
Hob.
Hr. III. IV. in E.
Fag.
Baßkl. in B.
I. Viol. II.
Br.
T.
riß mit dem Schwert sie wie - der los; das Schwert dann a - ber ließ sie
Vcl.
K.B.
f
dim.
zu 2
Hob.
Fag.
Baßkl. in B.
Pos.
III.
B.T.
Pk.
tr
trem.
I. Viol. II.
Br.
piu p
pp
cresc.
T.
sin-ken; den Gift-trank gab sie mir zu trin-ken: wie ich da hoff-te ganz zu ge-ne-sen, da war der
Vcl.
K.B.
pizz.
Bog.
p

Gr.Fl.I.II.
Hob.
Klar. in B.
in F.
Hr.
in E.
Fag.
Baßkl. in B.
Pos.III.
B.T.
Pk.
I.
Viol.
II.
Br.
T.
Vcl.
K.B.
zu 2
I.
III.
cresc.
pizz.
Bog.
tr
seh - rendste Zau - ber er-le- - sen: daß nie ich soll-te ster-ben, mich ew' - ger Qual ver-

Kl.Fl.
Gr.Fl.III.
Hob.
Klar. in B.
Trp.I.II. in F.
I. in F. II. Hr. III. in E. IV.
Fag.
Baßkl. in B.
Pos.
B.T.
Pk.
I. Viol. II.
Br.
T.
Vcl.
K.B.
zu 2
più f
molto cresc.
dim.
III.
er-ben! Der Trank! der Trank! Der furchtbare

Hob. zu 2 heftig ff dim.
Klar. in B zu 2 heftig ff p cresc.
Hr. IV in E. allein f p cresc.
I. II. Fag. f p cresc.
III. f p cresc.
Viol. I. f
Viol. II. f p cresc.
Br. heftig ff p cresc.

T. Trank! Wie vom Herz zum Hirn er wü - tend mir drang!

Vcl. f p cresc.
K.B. f

Hob. zu2 f
Klar. in B. zu 2 f p
Hr. III. IV. in E.
Fag. II. III. zu2 ff p cresc.
Viol. I. f p trem. fp
Viol. II. f p fp
Br. f fp

T. Kein Heil nun kann, kein sü - ßer Tod je mich be-frein

Vcl. f p fp
K.B. f p fp

Klar. in B.
cresc.
Hr.III.IV. in E.
zu 2
molto cresc.
Fag.II.III.
zu 2
I.
Viol.
II.
fp
f
cresc.
Br.
T.
von der Sehn- - sucht Not; nir- - gends, ach nirgends find ich
Vcl.
K.B.
B. Nicht eilen.
Gr.Fl.I.II.
Hob.
Klar.II in B.
in F.
Hr.
in E.
Baßkl. in B.
Fag.
B.T.
p
B. Nicht eilen.
sf
Ruh: mich wirft die Nacht dem Ta- - ge

poco rall.
a tempo (Etwas
zu 2
Gr.Fl.I.II.
più f
ff
Hob.
p
f
Klar. in B.
in F.
Hr.
in E.
sf
Fag.
Baßkl. in B.
Trp.I. in F
Pos.
B. T.
I.
Viol.
II.
sf dim.
Br.
T.
zu, um e - - - wig an meinen Lei-den der Sonne Au - ge zu weiden.
Vcl.
K. B.

schleppend.)
Hob.
zu 2
Klar. in B.
III.
Hr. in E.
IV.
p molto cresc.
molto cresc.
Fag.
p molto cresc.
molto cresc.
Baßkl. in B.
schleppend.)
I.
Viol.
II.
cresc.
Br.
T.
O die-ser Son- -ne sen-gen-der Strahl, wie brennt mir das Hirn seine glü - hende
Vcl.
K.B.
dim.
Gr.Fl.I.
Hob.
Klar. in B.
in F.
Hr.
in E.
III.
Fag.
immer f
Baßkl. in B.
immer f
Viol.I.
Viol.II. get.
Br.
B. Etwas vorwärtsgehen.
T.
Qual! Für die- -ser Hit- -ze hei- -ßes Verschmach - ten, ach,kei-nes
Vcl. K.B.
immer f

Kl.Fl.
Gr.Fl.I.
Hob.
Klar. in B.
I. in F.
Hr.II. in F.
III. in E.
Fag.
Baßkl. in B.
Viol.I.
Viol.II.
Br. get.
T.
Schat - - tens küh - - lend Um - - nach - - - ten! Für die - - ser
Vcl.
K.B.

Kl.Fl.
Gr.Fl.I.
Hob.
Klar. in B.
I. Hr. in F. II.
Fag.
Baßkl. in B.
Viol.I.
Viol.II.
Br. get.
T.
Vcl.
K.B.
p
f
p molto cresc.
più f
trem.
Schmer - zen schreck-li-che Pein, welcher Bal - sam soll-te mir Lind - rung ver-leihn? Den furcht-ba-ren

Gedehnt.
Gr.Fl.I.II.
Hob.
Klar. in B.
I.
in F.
II.
Hr.
III.
in E.
IV.
Fag.
Baßkl. in B.
Pos.
Gedehnt.
Viol.I.
Viol.II.
Br.
T.
Vcl.
K.B.
p cresc.
mf
Trank, der der Qual mich ver-traut, ich selbst — ich selbst, — ich hab ihn ge-

zu 2
Gr.Fl.I.II.
Hob.
Klar. in B.
in F.
Hr.
in E.
Fag.
I.
Viol.
II.
Br.
T.
braut! Aus Va - ters Not und Mut - ter Weh, aus Lie -
Vcl. K. B.
ff
dim.
p
cresc.
f
molto cresc.
Etwas
- bes-trä-nen eh' und je, aus Lachen und Wei - nen, Won - nen und Wun -
Vcl.
K.B.

drängender.
zu 2
Gr.Fl.I.II.
ff
ff
dim.
p
Hob.
più f
più f
ff
ff
Klar. in B.
più f
più f
ff
ff
dim.
dim.
in F.
Hr.
in E.
zu 2
f
f
ff
dim.
f
Baßkl. in B.
ff
dim.
Fag.
più f
più f
ff
f
f
Trp.I in F.
allein
mf
Pos.
mf
mf
B.T.
mf
drängender.
get.
I.
Viol.
II.
f
f
dim.
p
Br.
f
dim.
p
T.
den hab ich des Trankes Gif - te ge-fun-den!
Den ich ge-braut, der mir geflos-
Vcl.
f
dim.
p
K.B.
f
f
p

Kl.Fl.
Gr.Fl.I.II.
Hob.
Klar. in B.
in F.
Hr.
in E.
Baßkl. in B.
Fag.
Trp.I in F.
Pos.
B.T.
I.
Viol.
II.
Br.
T.
Vcl.
K.B.
zu 2
ff
dim.
p
più f
f
B. Niemals den
-sen, den Won-ne schlürfend jeich ge-nossen, — ver-

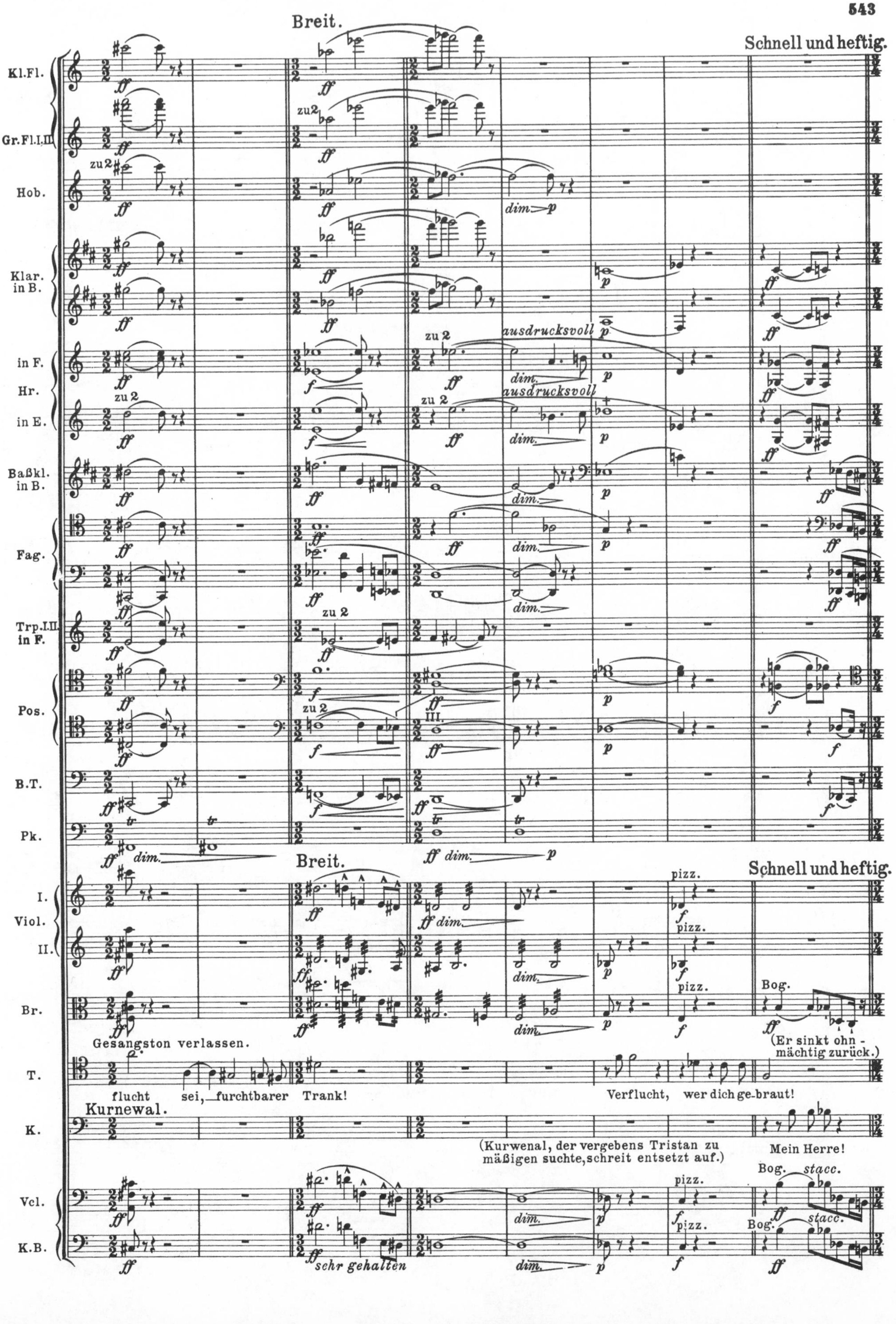
Breit.
Schnell und heftig.
Kl.Fl.
Gr.Fl.I.II
Hob.
Klar. in B.
in F.
Hr.
in E.
Baßkl. in B.
Fag.
Trp.I.II. in F.
Pos.
B.T.
Pk.
Breit.
Schnell und heftig.
I.
Viol.
II.
Br.
Gesangston verlassen.
(Er sinkt ohnmächtig zurück.)
T.
flucht sei, furchtbarer Trank!
Verflucht, wer dich ge-braut!
Kurnewal.
K.
(Kurwenal, der vergebens Tristan zu mäßigen suchte, schreit entsetzt auf.)
Mein Herre!
Vcl.
K.B.
ausdrucksvoll
sehr gehalten
zu 2
pizz.
Bog.
stacc.

Hob.
zu 2
Klar. in B.
zu 2
I.
in F.
II.
Hr.
III.
in E.
IV.
Baßkl. in B.
I.II.
Fag.
III.
Pos.
B.T.
Bog.
I.
Viol.
II.
Bog. stacc.
stacc.
Br.
K.
Tristan!
Schrecklicher Zau - ber!
O Min -
Vcl.
K.B.

Zurückhaltend.
zu 2
Gr.Fl.I.II.
Hob.
Klar. in B.
(in A)
I. in F. II.
Hr.
III. in E. IV.
Baßkl. in B.
(in A)
Fag.
Pos.
B.T.
p
cresc.
ff
p cresc.
f
Zurückhaltend.
vibrato
I. Viol. II.
Br.
K.
(sehr getragen und ge-
-netrug! o Lie- - -beszwang! der Welt hol-dester Wahn! Wie ist's um dich ge-
Vcl.
K.B.

(gedehnt)
zu 2
Sehr zurückhaltend.
Mäßig.
Hob.
in F
Hr.
in E
Fag.
(sehr gedehnt)
Sehr zurückhaltend.
Mäßig.
I.
Viol.
II.
Br.
dehnt)
K.
tan!
Hier liegt er nun,
der won- -ni-ge Mann, der wie kei-ner ge-
Vcl.
K.B.
Etwas lebhafter. Wieder gedehnter.
in F.
Hr.
in E.
Fag.
zu 2
Etwas lebhafter. Wieder gedehnter.
I.
Viol.
II.
Br.
K.
liebt und ge-minnt.
Nun seht, was von ihm sie Dan-kes ge-wann, was je Min- -ne sich ge-
Vcl.
K.B.

Sehr mäßig.
Klar. in A.
Hr. IV in E.
Baßkl. in A.
Pos.
B.T.
K.
Vcl.
pp
ppp
(mit schluchzender Stimme)
winnt!
Bist du nun tot? Lebst du noch?
Mäßig langsam.
allein
sehr zart
Hob. I.
(Er lauscht seinem Atem)
Hat dich der Fluch entführt?
I.
rall.
II. allein
Hob.
Fag. I.
(leise)
(zart)
O Wonne! Nein! Er regt sich, er lebt! Wie sanft er die Lippen rührt!
(mit Dämpfer)

Hob. II.
Klar. in A.
Hr. IV in E.
Fag. I.
T.
Vcl.
Tristan (langsam wieder zu sich kommend).
(Sehr leise beginnend.)
Das Schiff?
Siehst du's noch
nicht?
dolce
Hr. III. IV in E.
IV
allein
pp (sehr zart)
K.
Kurwenal.
Das Schiff? Ge - wiß, es naht noch heut;
es kann nicht lang mehr säu-men.
Hob. I.
(sehr zart)
(mit zunehmendem Ausdruck)
Hr. III in E.
I.
Viol.
II.
Br.
(mit Dämpfer)
(mit Dämpfer)
(mit Dämpfer)
(mit Dämpfer)

Hob.I.
cresc.
p
p dolce
Klar. in A.
p (sehr zart)
pp
Hr.III in E.
Fag.I.
1 I.Viol. (allein)
(ohne Dämpfer)
p (ausdrucksv.)
I. Viol. II.
Br.
Tristan.
T.
Und drauf I - sol - de, wie sie winkt, -
Vcl.
Hob.
dim.
p dolce
più p
(zart)
in E
p sehr zart
I. Hr. in E. III.
Fag.I.
Baßkl. in A.
sempre
pp
wie sie hold mir Süh - - - ne trinkt: -
siehst du sie?

Sehr ruhig und nicht schleppend.
Hob. I.
Klar. II in A.
I.
III.
Hr. in E.
II.
IV.
Fag. I.
Baßkl. in A.
Sehr ruhig und nicht schleppend.
I.
Viol.
II.
Br.
T.
siehst du sie noch nicht?
Wie sie se - lig, hehr und
Vcl.
(mit Dämpfer)
K. B.
I.
III.
Hr. in E.
II.
IV.
Viol. II.
Br.
T.
mil - de wan - delt durch des Meers Ge - fil - de?
Auf won - - ni - ger
Vcl.
K. B.

Hob.I.
I.II in E.
Hr.
III in F.
Fag.I.II.
Viol.II.
Br.
T.
Vcl.
K.B.
sehr zart
poco cresc.
allein
pp dolce
più p
Blu - men lich - ten Wo - gen kommt sie sanft ans Land ge-zo - - gen.
(noch mit Dämpfer)
Hob.
Klar. in A.
Hr.I.II in E.
Fag.
Viol. I. II.
Br.
T.
Vcl.
K.B.
sehr weich
dolce
allein
III
(ohne Dämpfer)
sehr ausdrucksvoll
cresc.
dim.
(noch mit Dämpfer)
(noch mit Dämpfer)
B. Bewegung!
Sie lä - - - chelt mir

Etwas breit.
Gr. Fl. I. II.
p dolce
p dolce
Hob.
f
dim.
p
p dolce
p dolce
Klar. in A.
dim.
weich
più p
Hr. in E.
allein
(in E.)
pp
p dim.
Fag.
Pk.
tr
Etwas breit.
I.
Viol.
II.
dim. sempre
dim. poco a poco
(ohne Dämpfer)
Br.
trem.
T.
B. Bewegung.
Trost und sü - ße Ruh, sie führt mir letz - te La-bung zu.
Vcl.
pp (ohne Dämpfer)
p weich
K.B.

Gr.Fl. I.II.
cresc.
f
p
Hob.
dim.
Klar. in A.
Hr. in E.
p dolce
Fag.
Pk.
pp
I. Viol. II.
Br.
(noch mit Dämpfer)
ff
p 2
T.
Ach, I-
Vcl.
K.B.
(ohne Dämpfer)

Immer breiter.
Gr. Fl. I. II.
Hob.
Klar. in A.
Hr. in E.
Fag.
Immer breiter.
I.
Viol.
II.
Br.
T.
Vcl.
K. B.
dim.
p dolce
più p
sol - - de! I - sol - - de! Wie

Breit.
Lebhafter.
Gr.Fl.I.II.
Hob.
Klar. in A.
in B
Hr. in E.
Fag.
Baßkl. in A.
Pk.
Hrfe.
Breit.
Lebhafter.
I.
Viol.
II.
Br.
(ohne Dämpfer)
T.
schön bist du!
Und Kur-wenal,
Vcl.
(staccato, aber gut gehalten)
pizz.
K.B.

in F.
Hr.
in E.
Fag.III.
Baßkl. in A.
I.
Viol.
II.
Br.
T.
Vcl.
K.B.
in F
p cresc.
allein
poco cresc.
pizz.
wie, du sähst sie nicht? Hinauf zur War-te, du blö-der Wicht! Was so hell und
Allmählich immer mehr belebend.
Hob.
Klar. in B.
Fag.
ausdrucksvoll
cresc.
Bog.
p ausdrucksvoll
ben staccato
licht ich se-he, daß das dir nicht ent-ge-he! Hörst_du mich nicht? Zur War-

Hob.
Klar. in B.
II in F. Hr.
III.IV in E.
Fag.
Baßkl. in A.
I. Viol. II.
Br.
T.
Vcl.
K. B.

cresc. f p zu 2 pizz. tr

T.: - te schnell! Ei - lig zur War - te! Bist du zur Stell? Das Schiff? das

Gr. Fl. I. II.
Hob.
Klar. in B.
I in F. Hr.
III.IV in E.
Fag.
Baßkl. in A.
I. Viol. II.
Br.
T.
Vcl.

zu 2 p cresc. f più f Bog.

T.: Schiff? I - sol - - - dens Schiff? Du mußt es se - hen! Mußt

*) Das englische Horn soll hier die Wirkung eines sehr kräftigen Naturinstrumentes, (wie das Alpenhorn), hervorbringen; es ist daher zu raten, je nach Befund des akustischen Verhältnisses, es durch Hoboen und Klarinetten zu verstärken, falls man nicht, was das Zweckmäßigste wäre, ein besonderes Instrument (aus Holz), nach dem Modell der Schweizer Alpenhörner, hierfür anfertigen lassen wollte, welches seiner Einfachheit wegen (da es nur die Naturskala zu haben braucht) weder schwierig noch kostbar sein wird.

Sehr lebhaft.
Gr.Fl.I.II.
Hob.
Klar. in B.
zu 2
in F.
Hr.
in E.
Fag.
zu 2
Trp.I.II in F.
Pos.
Pk.
tr
dim.
p
Sehr lebhaft.
I.
Viol.
II.
Br.
Engl.H. a.d.Th.
(Er stürzt auf die Warte und späht aus.)
K.
Freu - - - - - de!
Vcl.
Bog.
K.B.

Pk.
Engl. H. a.d.Th.
(atemlos)
K.
Ha! Das Schiff! Von Norden seh ich's na - - hen.
Vcl.
Hob.
molto cresc.
Klar. in B.
zu 2
molto cresc.
in F.
Hr.
in E.
p molto cresc.
Fag. I. II.
zu 2
Baßkl. in B.
Pk.
I.
Viol.
II.
Br.
cresc.
Tristan.
T.
(In wachsender
Wußt
(stacc. ma ben tenuto)
Vcl.
K.B.
ff

Gr.Fl.I.II.
Hob.
Klar. in B.
in F.
Hr.
in E.
I.
Fag.
II.III.
Baßkl. in B.
Pk.
I.
Viol.
II.
Br.
T.
Vcl.
K.B.
zu 2
p cresc.
dim.
p
cresc.
ff
Begeisterung.)
ich's nicht? Sagt ich's nicht? daß sie noch lebt, noch Le -

Gr. Fl. I. II.
Hob.
Klar. in B.
in F.
Hr.
in E.
Fag.
Pos. II. III.
Pk.
I.
Viol.
II.
Br.
T.
Vcl.
K. B.
zu 2
3. allein
(zus.)
-ben mir webt? Die mir I - sol - de ein - zig ent-hält, wie wär I-

Hob.
Klar. in B.
zu 2
Hr. I.II in F.
Fag.
Trp. I in F.
Pos.
Pk.
dim.
I.
Viol.
II.
Br.
(auf dem Theater)
Engl.H.
T.
sol-de mir aus der Welt?
Kurwenal.
(von der Warte zurückrufend, jauchzend.)
K.
Hei-ha! Heiha! Wie es mu-tig
Vcl.
K.B.

in F.
Hr.
in C.
in C zu 2
Fag. III.
Pk.
sempre stacc.
I.
Viol.
II.
sempre stacc.
Br.
Engl. H.
T.
Die Flag-ge? Die
K.
steuert! Wie stark der Se - gel sich bläht! Wie es jagt, wie es fliegt!
Vcl.
K.B.
Hob.
Klar. in B.
zu 2
in F.
Hr.
in C.
Fag.
Pk.
I.
Viol.
II.
Br.
T.
Flag-ge?
K.
Der Freu - de Flag-ge am
Vcl.
K.B.

Hob.
Klar. in B.
Hr. III. IV in C.
Fag.
Pk.
Viol. I. II.
Br.
T.
K.
Vcl.
K. B.
cresc.
cresc. poco a poco
stacc.
Tristan (auf dem Lager hoch sich aufrichtend).
Ha-hei der Freu-de! Hell am
Wim-pel lu-stig und hell!
in F. Hr. in C.
più f
Ta-ge zu mir I-sol-de! I-sol-

Kl.Fl.
Gr.Fl. I.II.
Hob.
zu 2
Klar. in B.
in F.
Hr.
in C.
Fag.
Trp.II.III in C.
in C
Pk.
I.
Viol.
II.
Br.
T.
de zu mir!
Vcl.
K.B.
ff stacc.

Kl. Fl.
Gr. Fl. I. II.
Hob.
Klar. in B.
in F.
Hr.
in C.
Fag.
Trp. II. III in C.
Pos.
B. T.
Pk.
I.
Viol.
II.
Br.
T.
K.
Vcl.
K. B.
zu 2
tr
meno f
poco f
dim.
Siehst du sie selbst?
Kurwenal.
Jetzt schwand das Schiff hin - ter dem

in F.
Hr.
in C.
Fag.
III.
Trp. II. III.
in C.
Pos.
B. T.
I.
Viol.
II.
Br.
T.
K.
Vcl.
K. B.
Noch schneller.
zu 2
nach E.
Noch schneller.
Hinter dem Riff?
Bringt es Gefahr?
Dort wü - tet die
Fels.
Hr. I. II.
in F.
die III. nach D, die II. nach E
Brandung,
Kurwenal.
schei - tern die Schif - fe!
Das Steu - er, wer führt's?
Der

Hob.
Klar. in B.
in F.
in F.
Hr.
in E.
in E.
Baßkl. in B.
Fag.
Trp.
Pos.
B. T.
I.
Viol.
II.
Br.
T.
K.
Vcl.
K.B.
zu 2
III. in D
II. in E
G Saite
più f
sempre più f
sempre ff
Ver - riet er mich? Wär er Me - lots Ge -
si - cherste See - mann.

Hob.
Klar. in B.
in F.
in F.
Hr.
in E.
in E.
Baßkl. in B.
Fag.
Trp. II. in E.
Pos.
B. T.
I.
Viol.
II.
Br.
T.
K.
Vcl.
K. B.
zu 2
più f
ff
nach C
sempre più f
e più f
noß?
Ver-rä - - - ter auch du!
Trau ihm wie mir!

Noch mehr be-
zu 2
Hob.
Klar. in B.
in F.
Hr.
in E.
Baßkl. in B.
Fag.
zu 3
ff
Pos.
B. T.
Noch mehr be-
I.
Viol.
II.
Br.
T.
Un - sel'- - ger! Siehst du sie wie - der?
Vcl.
K. B.
schleunigend.
più f
ff
schleunigend.
Kurwenal.
K.
Noch nicht.
Ver-

Früheres Zeitmaß.
Gr. Fl. I. II.
Hob.
Klar. in B.
in F. Hr. in E.
Baßkl. in B.
Trp. I. in F.
Fag.
Trp. II. III. in C
Pos.
B. T.
Pk.
zu 2
ff
f
dim.
p
cresc.
Früheres Zeitmaß.
I. Viol. II.
Br.
Engl. H.
(auf dem Theater)
T.
lo - ren!
K.
(Jauchzend.)
Heiha! Hei ha ha ha!
Vorbei! Vorbei! Glück - lich vor.
Vcl.
K. B.

Kl. Fl.
Gr. Fl. I. II.
Hob.
Klar. in B.
Baßkl. in B.
Trp. I. in F.
in F.
Hr.
in E.
Fag.
Trp. II. III. in C.
Pos.
B. T.
Pk.
I.
Viol.
II.
Br.
T.
K.
Vcl.
K. B.
zu 2 stacc.
stacc.
zu 2
Jauchzend
Hei ha ha ha!
Kur - we-nal,
bei!

Kl. Fl.
Gr. Fl. I. II.
Hob.
Klar. in B.
Baßkl. in B.
Trp. I. in F.
in F.
Hr.
in E.
Fag.
Trp. II. III. in C.
Pos.
B. T.
Pk.
I.
Viol.
II.
Br.
T.
Vcl.
K. B.
zu 2
tr
ff
poco dim..
dim.
vibrato
treu - - - e - ster Freund! All mein Hab

Hob.
Klar. in B.
Baßkl. in B.
in F.
Hr.
in E.
Fag.
Pos.
B. T.
Pk.
I.
Viol.
II.
Br.
T.
K.
Vcl.
K. B.
dim.
p
più p
tr
più dim.
pizz.
und Gut ver-erb' ich noch heu - te.
Kurwenal.
Sie

Hob.
Klar. in B.
in F.
Hr.
in E.
Fag.
Pk.
I.
Viol.
II.
Br.
T.
K.
Vcl.
K.B.
cresc.
un poco cresc.
poco cresc.
zu 2
pizz.
Bog.
Siehst du sie end-lich? Siehst du I - sol - de?
na-hen im Flug.
Gr. Fl. I. II.
più f
O se - - lig - stes Weib!
Sie ist's! Sie winkt!

Gr. Fl. I. II.
Hob.
Klar. in B.
in F.
Hr.
in E.
Fag.
Trp. II. III. in C.
Pos.
Pk.
I.
Viol.
II.
Br.
K.
Vcl.
K. B.
zu 2
ff
più f
f
p
cresc.
e più f
Im Ha - - fender Kiel! I-sol - de,

Immer beschleunigend.
Hr. I. II. in F.
Hr. III. IV. in E.
Fag.
Pos.
Pk.
dim.
Immer beschleunigend.
I.
Viol.
II.
Br.
fp
cresc.
f
Tristan.
T.
Her - ab von der War - te,
K.
ha! mit ei - nem Sprung springt sie vom Bord ans Land.
Vcl.
K. B.
mü - ßi - ger Gaf - fer! Hin - ab! Hin - ab an den Strand! Hilf ihr! Hilf mei - ner Frau!
Kurwenal.
Sie trag ich her-
ff
poco riten.
accel.
p
auf: trau mei - nen Ar - men! Doch du, Tri - stan, bleib mir treu - lich am Bett!

Zweite Szene.

Gr. Fl. I. II.
Hob.
Klar. in B.
Engl. H.
in F.
in F.
Hr.
in E.
in E.
Fag. I. II.
Pos.
B. T.
I.
Viol.
II.
Br.
Tristan.
T.
O ___ die-se Son-ne! Ha! dieser Tag! Ha, dieser Won - ne
Vcl.
K. B.
zu 2
cresc.
pizz.
Bog.
espress.

Hob.
Klar. in B.
Engl. H.
in F.
in F.
Hr.
in E.
in E.
Fag. I. II.
Baßkl. in B.
Pos. II. III.
zu 2
B. T.
I.
Viol.
II.
Br.
T.
Vcl.
K. B.
molto
cresc.
poco cresc.
pizz.
son - nigster Tag! Ja - gendes Blut, jauch - zender

Hob.
Klar. in B.
Engl. H.
in F.
in F.
Hr.
in E.
in E.
Fag.
Baßkl. in B.
Trp. III. in C.
Pos. II.III.
I.
Viol.
II.
Br.
T.
Vcl.
K. B.
cresc.
zu 2
zus.
Bog.
Mut! Lust oh - ne Ma - ßen, freu -

accelerando

Hob. — cresc. — sempre più f

Klar. in B. — cresc. — sempre più f

Engl. H. — cresc. — sempre più f

Hr. in F. — cresc. — sempre più f

Hr. in F.

Hr. in E. — cresc. — sempre più f

Hr. in E. — cresc. — sempre più f

Fag. — zu 2 — f — sempre più f

Baßkl. in B.

Trp. III. in C. — cresc.

accelerando

Viol. I. — sempre più f

Viol. II. — sempre più f

Br.

T. — di-ges Ra - sen! Auf des La - gers

Vcl. — f — sempre più f

K. B. — f — sempre più f

Hob.
Klar. in B.
Engl. H.
in F.
in F.
Hr.
in E.
in E.
zu 2
Fag.
Baßkl. in B.
Trp. III. in C.
I.
Viol.
II.
Br.
T.
Bann wie sie er - tra - - - gen! Wohl-auf und daran, wo die Herzen
Vcl.
K. B.

Hob.
Klar. I. in B.
in F.
in F.
Hr.
in E.
in E.
zu 2
Fag.
Baßkl. in B.
Trp. II. III. in C.
Pk.
I.
Viol.
II.
Br.
T.
schla - - gen! Tri - stan der Held, in ju - - - beln - der Kraft,
Vcl.
K. B.
p cresc.
cresc.

Gr. Fl. I. II.
Hob.
Klar. in B.
in F.
in F.
Hr.
in E.
in E.
zu 2
Fag.
Baßkl. in B.
Trp. II. III. in C.
zu 2
Pk.
I.
Viol.
II.
Br.
T.
(Er richtet sich hoch auf.)
hat sich vom Tod empor - ge-rafft. Mit blu - - tender Wun - de be-
Vcl.
K. B.
cresc.
più f
ff
fp

Gr. Fl. I. II.
Hob.
Klar. in B.
in F.
Hr.
in E.
Fag.
Baßkl. in B.
Trp. II. III. in C.
I.
Viol.
II.
Br.
T.
Vcl.
K. B.
zu 2
cresc.
più f
mf
kämpft ich einst Mo - rol - den: mit blu -

Hob.
Klar. in B.
Engl. H.
in F. Hr. in E.
Fag.
Trp. I. in F.
Pos.
Viol. I. II.
Br.
T.
Vcl.
K.B.
zu 2
più f
p molto cresc.
ff
in F
(Er reißt sich
- ten - der Wun - de er - jag ich mir heut I - sol - den!

Kl. Fl.
Gr. Fl. I. II.
Hob.
Klar. in B.
Engl. H.
Hr. in F. / in E.
Fag.
Baßkl. in B.
Trp. I. in F. / II. III. in C.
Pos.
B. T.
Pk.
Viol. I. / II.
Br.

den Verband der Wunde auf.)

(Er springt vom Lager herab und schwankt vorwärts.)

T.: Hei-a, mein Blut! Lu-stig nun flie - ße! Die mir die Wun-de

Vcl.
K. B.

accel.

Kl.Fl.
Gr.Fl.I.II. zu 2
Hob.
Klar. in B.
Engl.H.
in F. Hr. in E. zu 2
Fag.
Baßkl. in B.
in F. Trp. in C.
Pos.
B.T.
Pk.

accel.

I. Viol. II.
Br.
T.

e - wig schlie - ße, — sie naht wie ein Held, sie naht mir zum Heil! Ver - geh die Welt

Vcl.
K.B.

Hob.
zu 2
cresc.
più f
Klar. in B.
zu 2
più f
in F.
Hr.
in E.
zu 2
cresc.
più f
Fag.
cresc.
più f
Trp. II. III. in C.
f
Pos.
p cresc.
Pk.
tr
cresc.
I.
Viol.
II.
più f
Br.
più f
T.
meiner jauchzenden Eil!
(Er taumelt nach der Mitte der Bühne.)
Vcl.
cresc.
(get.)
K. B.

I.
Gr.Fl.
II.
Hob.
Klar. in B.
Engl.H.
in F.
Hr.
in E.
Fag. I. II.
Trp. II. III. in C.
Viol.
Br.
Isolde (von außen).
Tri - stan! Ge - lieb - ter!
T.
(In der furchtbarsten Aufregung.)
Wie, hör ich das Licht? die Leuchte, ha!
Vcl.
(zus.)
zu 2
trem.
ff
dim.
f
p

I.
Gr.Fl.
II. III.
Hob.
Klar. in B.
Engl.H.
Baßkl. in B.
I.
in F.
Hr. II.
in E. III. IV.
Fag.
Trp. in F.
in F.
Pos.
B.T.
Pk.
I.
Viol.
II.
Br.
T.
Vcl.
K.B.
ff sempre
zu 2
ff sehr ausdrucksvoll
molto cresc.
ff stacc.
stacc.
Isolde eilt atemlos herein. Tristan, seiner nicht mächtig, stürzt sich ihr schwankend entgegen. In der Mitte der Bühne begegnen sie sich; sie empfängt ihn in ihren Armen.
Die Leuchte ver-lischt. Zu ihr! Zu ihr!

Sehr allmählich nachlassend im Zeitmaß.

Gr. Fl. — zu 3

Hob. — zu 2

Klar. in B. — zu 2

Engl. H.

Baßkl. in B.

Hr. in F. I. II.

Hr. in E. III. IV. — zu 2

Fag.

Trp. in F. — zu 2

Pos.

B. T.

Pk.

Sehr allmählich nachlassend im Zeitmaß.

Viol. I. II.

Br.

Vcl.

K. B.

(Tristan sinkt langsam in ihren Armen zu Boden.)

zu 3
Gr.Fl.
dim.
zu 2
Hob.
dim.
zu 2
Klar. in B.
dim.
Engl.H.
dim.
Baßkl. in B.
ausdrucksvoll
dim.
I. in F.
dim.
II.
Hr.
ausdrucksvoll
dim.
III. in E.
ausdrucksvoll
dim.
IV.
ausdrucksvoll
dim.
Fag.
dim.
dim.
Trp. in F.
dim.
dim.
p
Pos.
dim.
dim.
B.T.
dim.
I. Viol. II.
dim.
dim.
Br.
dim.
Isolde.
I.
Tri - - - stan!
Vcl.
dim.
K.B.
dim.

zu 3
I. II. (allein)
Gr. Fl.
zu 2
Hob.
zu 2
Klar. in B.
Engl. H.
ausdrucksvoll
dim.
Baßkl. in B.
dim.
I. in F.
ausdrucksvoll
dim.
II.
Hr.
III.
in E.
dim.
IV.
Fag.
Pos.
più p
più p
più p
Pk.
più p
trem.
I.
Viol.
II.
trem.
Br.
trem.
I.
Ha!
Vcl.
K. B.
pizz.

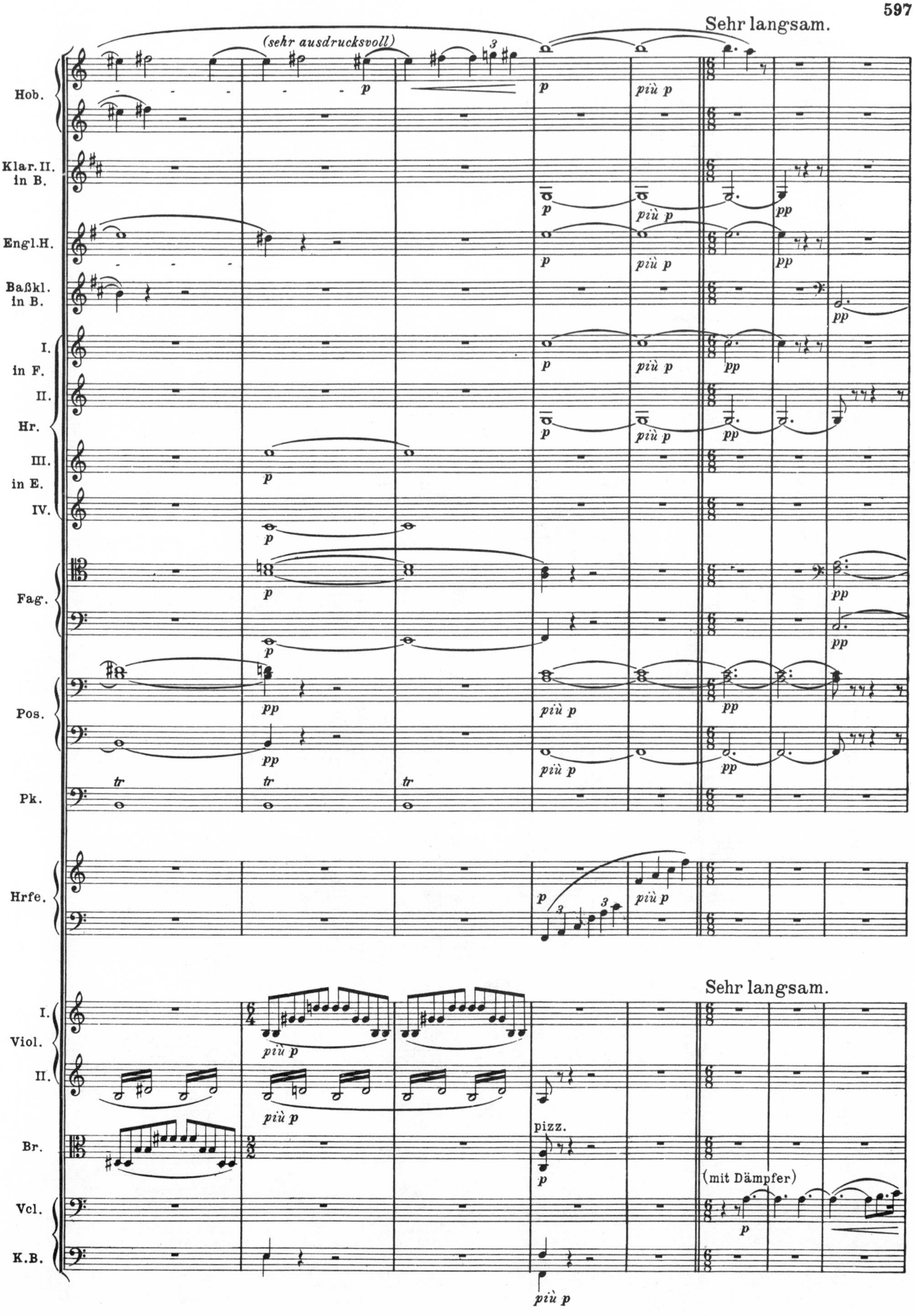
Sehr langsam.
(sehr ausdrucksvoll)
Hob.
Klar. II. in B.
Engl. H.
Baßkl. in B.
I. in F. II.
Hr.
III. in E. IV.
Fag.
Pos.
Pk.
Hrfe.
Sehr langsam.
I. Viol. II.
Br.
pizz.
(mit Dämpfer)
Vcl.
K.B.
p
più p
pp
tr

più lento
Bewegt.
accel.
Fag.
dolce
più p
pp
Baßkl. in B.
Hrfe.
Viol. I. II.
Br.
Bog.
cresc.
Isolde.
B. Nicht aufstehen!
Ich bin's, ich bin's, sü - ßester Freund! Auf, noch
Tristan.
(Sterbend zu ihr aufblickend.)
Ha!
(er stirbt)
I - sol- de!
Vcl.
(ohne Dämpfer)
K.B.
Etwas zurückhaltend. Noch mehr zurückhaltend.
Mäßig langsam.
Hob.
Klar. in B.
Engl.H.
Hr. I. II. in F.
dim.
einmal hör meinen Ruf! I - sol - de ruft: I - sol - de kam, mit Tri - stan treu zu ster - ben!
Vcl. K.B.

Belebter.
Hob. I.
Klar. II. in B.
Engl. H.
Hr. I. in F.
Fag. I. II.
Baßkl. in B.
Belebter.
Viol. I.
II.
Br.
I.
Bleibst du mir stumm? Nur ei-ne Stun-de, nur ei-ne Stun-de blei-be mir
Vcl. (allein.)
Vcl. K.B.
pp
cresc.
molto cresc.
Belebt.
Etwas gedehnt.
Hob.
sehr ausdrucksv.
dim.
Klar. in B.
Engl. H.
in F.
Hr.
in E.
zu 2
mf
Fag.
Baßkl. in B.
f
p
Belebt.
Etwas gedehnt.
Viol. I.
II.
Br.
I.
etwas gedehnt
wach!
So ban-ge Ta-ge wachte sie seh-nend, um ei-ne
Vcl.
K.B.

rallent.
Mäßig langsam.
Belebend.
Hob.I.
Klar. in B.
Engl.H.
Hr.I.II. in F.
zu 2
Fag.I.
Baßkl. in B.
ausdrucksv.
I. Viol. II.
Br.
I.
Stun - de mit dir noch zu wa - chen: betrügt I - sol-den, betrügt sie Tri-stan um dieses
Vcl.
pizz.
K.B.
Zurückhaltend.
Sehr zurückhaltend.
Hob.
Klar. in B.
Engl.H.
Hr.I.II. in F.
Fag.I.II.
Baßkl. in B.
vibrato
Sehr zurückhaltend.
I. Viol. II.
Br.
I.
ein - zi-ge, e - wig kur - ze letz - te Wel-tenglück?
Vcl.
Bog.
K.B.

Bewegter.
Hob.
p dolce
p
p
Klar. in B.
p dolce
p
p
poco cresc.
Engl.H.
p
p
poco cresc.
Hr. in F.
I.
II.
p dolce
poco cresc.
Fag.
I.
II.
p dolce
p
p dolce
Baßkl. in B.
p dolce
Bewegter.
Viol.
I.
II.
p
cresc.
f
p dolce
Br.
dolce
I.
Die Wunde? Wo? Laß sie mich hei-len! Daß won - - - - - nig und hehr die
Vcl.
pp dolce
poco cresc.
pizz.
Bog.
K.B.
cresc.

Gr.Fl.I.
Hob.I.
p zart
Klar.I. in B.
Engl.H.
Hr. in F.
I.
II.
p dolce
Fag.
Baßkl. in B.
Viol.
Br.
Vcl.
K.B.
pizz.
dim.
Nacht wir teilen; nicht an der Wunde, an der Wunde stirb mir nicht: uns beiden ver-

Sehr zurückhaltend.
Gr.Fl.I.II.
I.
pp
Hob.
sehr ausdrucksvoll
pp
Klar. in B.
I.
zart
dim.
pp
Engl.H.
dim.
pp
Hr. in F.
I.
II.
dim.
pp
Fag.
I.
II.
più p
pp
p
cresc.
pp
Baßkl. in B.
p
cresc.
pp
Sehr zurückhaltend.
Viol.
I.
II.
dim.
pp
pp
Br.
pp
I.
eint er- lö - sche das Le - - - - benslicht!
Gebrochen der
Vcl.
p cresc.
pp
K.B.
Bog.
pizz.
p
pp

Gr.Fl.I.II.
Hob.
Klar. in B.
Engl.H.
Hr.I.II. in F.
I. Fag. II.
Baßkl. in B.
I. Viol. II.
Br.
I.
Vcl.
K.B.
pp
più p
p
pizz.
Bog.
(sehr ausdrucksv.)
Blick! Still das Herz! Nicht ei - nes A - tems flücht'ges
Hob.
Klar. I. in B.
Engl.H.
Hr.I.II. in F.
Fag.
Baßkl. in B.
I. Viol. II.
Br.
I.
Vcl.
K.B.
I.
morendo
accel.
zu 2
Bewegter.
I. (allein)
meno f
molto cresc.
ff
III.
Bog.
Wehn! Muß sie nun jam - mernd vor dir stehn, die sich

Immer bewegter.
Heftig bewegt.
zu 2
Hob.
più f
ff
Klar. I. in B.
Engl. H.
I.
in F.
II.
Hr.
III.
in E.
IV.
Fag.
Baßkl. in B.
Trp. I. II. in F.
f
Immer bewegter.
Heftig bewegt.
I.
Viol.
II.
trem.
Br.
I.
won-nig dir zu ver-mäh- - len mu- - tig kam ü-bers Meer?
Vcl.
K.B.

zu 2
Gr.Fl.I.II.
sempre ff
Hob.
Klar. in B.
sempre ff
Engl.H.
in F.
Hr.
in E.
sempre f
Fag.I.II.
Baßkl. in B.
Trp.I. in F.
Pos.
Viol.
immer ff
Br.
Zu spät! Trot - zi - ger Mann! Strafst du mich so mit här - testem
Vcl.
K.B.

Immer heftiger.
Allmählich wieder nachlassend.
Gr.Fl.I.II.
zu 2
ff
dim.
Hob.
Klar. in B.
Engl.H.
I. in F. II. Hr. III. in E. IV.
Fag. I.II.
Baßkl. in B.
Trp.I. in F.
Pos.
Immer heftiger.
Allmählich wieder nachlassend.
Viol. I. II.
poco dim.
Br.
I.
Bann? Ganz — oh - ne Huld mei-ner Lei - dens-schuld? Nicht mei-ne Kla - gen darf ich dir
Vcl.
K.B.

rallent. poco a poco
Hob.
Klar. in B.
Engl.H.
in F. Hr. in E.
Fag.I.II.
dim. poco a poco
pizz.
Viol. I. II.
Br.
Vcl.
K.B.
ff
dim.
I.
sa-gen? Nur ein-mal ach! nur ein-mal noch!
Più lento.
Immer langsamer.
Hob.I.
più p
pp
Trp.I. in F.
Pos.
Pk.
I. (allein.)
e più p
(sehr zart)
ppp
Bog.
più p
(mit Dämpfer)
B. Sich horchend über ihn neigend.
Tri-stan! Ha! horch! Er wacht!
Vcl. K.B.
(Vcl. mit Dämpfer)

Langsam.
riten.
Gr. Fl. I.
Hob. I.
Klar. I. in B.
I. Hr. in F. II.
I. Fag. II.
Baßkl. in B.
Trp. I. in F.
Pos.
Pk.
Hrfe.
Langsam.
riten.
I. Viol. II.
Br.
(get.)
trem.
più p
I.
(Sie sinkt bewußtlos über der Leiche zusammen.)
Ge - liebter!
Vcl.
(ohne Dämpfer)
(ohne Dämpfer)
(nur 2)
K. B.

Dritte Szene.

Kurwenal war sogleich hinter Isolde zurückgekommen; sprachlos in furchtbarer Erschütterung hat er dem Auftritte beigewohnt und bewegungslos auf Tristan hingestarrt. Aus der Tiefe hört man jetzt dumpfes Gemurmel und Waffengeklirr. Der Hirt kommt über die Mauer gestiegen.

Noch lebhafter.
Hob.
Klar. in B.
Engl. H.
Trp. I. II. in F.
I.
in F.
II.
Hr.
III.
in E.
IV.
I. II.
Fag.
III.
Pk.
zu 2
Noch lebhafter.
I.
Viol.
II.
Br.
K.
(In Wut ausbrechend.)
Al - les zur Hand! Mar - ke und Me - lot hab ich er - kannt.
pizz.
Vcl.
K.B.

Kl.Fl.
Hob.
zu 2
Klar. in B.
Engl.H.
I. in F.
II.
Hr.
III. in E.
IV.
I.
Fag.
II. III.
Trp.I.II. in F.
Pos.
Pk.
I.
Viol.
II.
Br.
K.
Waffen und Steine! Hilf mir! Ans Tor!
(Er eilt mit dem Hirten an das Tor, das sie in der Hast zu verrammeln suchen.)
Vcl.
Bog.
K.B.
cresc.
p cresc.

Kl.Fl.
Hob.
zu 2
Klar. in B.
Engl.H.
I. in F. II.
Hr.
III. in E. IV.
Fag.
Trp.I.II. in F.
Pos.
B.T.
Pk.
I.
Viol.
II.
Br.
Vcl.
K.B.
più f
tr
f
ff

B.T.
Pk.
Viol. I.
II.
Br.
Der Steuermann (stürzt herein).
S.
Mar-ke mir nach mit Mann und Volk: ver-geb-ne Wehr, be-wäl-tigt sind wir.
Vcl.
K.B.
p
cresc.
f
poco cresc.
Trp. II. in F.
Pos.
B.T.
Pk.
p molto cresc.
stacc.
ff
più f
Kurwenal.
K.
Stell dich, und hilf!
So lang ich le- - - - be,
Vcl.
K.B.

Klar. in B.
Fag. I. II.
Viol. I. II.
Br.
B.
K.
Vcl.
K.B.
pizz.
Bog.
cresc.
Brangänes Stimme (außen, von unten her).
I-sol - de! Her - rin!
(hinabrufend)
lugt mir kei- nerher - ein!
Bran-gä - nens Ruf?
Was suchst du hier?
Hob.
Ml.
Schließ nicht, Kurwenal! Wo ist I-sol-de?
Melot.
(außerhalb)
Zurück, du Tor! Stemm dich nicht
Verrät'- rin auch du? Weh dir, Ver-ruchte!

Wild.

Kl.Fl.

Gr.Fl.I.II. zu 2 *ff*

Hob. *ff* zu 2 *ff*

Klar. in B. zu 2 *ff*

Engl.H. *ff*

in F. Hr. in E. *ff*

Fag. *ff*

Trp.I.II. in F. *f*

Pos. *f*

B.T. *f*

Pk. *f*

Wild.

I. Viol. II. pizz. Bog. *f* *ff*

Br. pizz. *f* Bog. *ff*

Ml. dort!

K. (Wütend auflachend.)

Hei- - - a-ha-ha-ha! Dem Tag,

Vcl. pizz. *f* Bog. *ff*

K.B. pizz. *f* Bog. *ff*

Kl.Fl.
Gr.Fl.I.II.
zu 2
Hob.
zu 2
Klar. in B.
zu 2
Engl.H.
in F.
Hr.
in E.
Fag.
Trp.I.II. in F.
Pos.
B.T.
Pk.
I.
Viol.
II.
Br.
K.
— an dem ich dich tref - - - - fe!
(Melot, mit bewaffneten Männern, erscheint unter dem Tor.
Vcl.
K.B.

Hob.
Klar. in B.
Engl.H.
in F.
Hr.
in E.
Fag.
Trp. I.II. in F.
Pos.
B.T.
Pk.
I.
Viol.
II.
Br.
Ml.
K.
Vcl.
K.B.
f
più f
ff
p
molto cresc.
zu 2
f piu f
tr
p cresc.
cresc.
Kurwenal stürzt sich auf ihn und streckt ihn zu Boden.)
Melot.
(Er stirbt.)
Weh mir! Tri-stan!
Stirb, schänd-licher Wicht!

Hob.
Klar. in B.
I. in F. II. Hr. III. in E. IV.
zu 2
Fag.
Pos.
B.T.
Pk.
I. Viol. II.
B.
Brangäne (noch außerhalb).
Br.
Kurwenal! Wü-tender! Hör, du be-trügst dich!
(zu den Seinen.)
K.
Treu-lo-se Magd! Drauf! Mir nach! Werft sie zu-
Vcl.
K.B.
cresc.

Kl.Fl.
Hob.
zu 2
Klar. in B.
zu 2
I.
in F.
II.
Hr.
III.
in E.
IV.
zu 3
Fag.
Trp. I. II. in F.
Pos.
B.T.
Pk.
I.
Viol.
II.
Br.
K.
(Sie kämpfen.)
rück!
Marke.
Mk.
(außerhalb)
Hal - te, Ra - sender! Bist du von Sin-nen?
Vcl.
K.B.

Hob.
Klar. in B.
in F.
Hr.
in E.
Fag. I. II.
Trp. I. II. in F.
Pos.
I.
Viol.
II.
Br.
K.
Vcl.
K.B.
zu 2
II. (allein)
Kurwenal.
Hier wü - tet der Tod!
B.T.
Mk.
Nichts andres, Kö - nig, ist hier zu ho - len: willst du ihn kie-sen, so komm!
Marke. (Unter dem Tore mit Gefolge erscheinend.)
(Er dringt auf Marke und dessen Gefolge ein.)
Zu -

Hob.
zu 2
Klar. in B.
zu 2
ff
I.
in F.
II.
Hr.
III.
in E.
IV.
sempre f
Fag. I. II.
Trp. I. in F.
(allein)
f
Pos.
I.
B.T.
I.
Viol.
II.
Br.
Mk.
rück! Wahn - - - sinni-ger!
Vcl.
K.B.

Hob.
sempre più f
sempre più f
Klar. in B.
sempre più f
sempre più f
Engl.H.
sempre f
I. in F. II. Hr. III. in E. IV.
Fag.
sempre f
Trp. I. II. in F.
I. (allein)
II. (allein)
f
Pos.
sempre f
sempre f
I. Viol. II.
più f
più f
Br.
più f
Brangäne (hat sich seitwärts über die Mauer geschwungen, und eilt in den Vordergrund).
B.
I - sol - - de!
Vcl.
più f
K.B.
più f

Hob.
Klar. in B.
Engl.H.
I.
in F.
II.
Hr.
III.
in E.
IV.
Fag.
Trp. I. II. in F.
II.
I. (allein)
Pos.
I.
Viol.
II.
Br.
B.
Her - rin! Glück und Heil!
Was seh ich! Ha!
Vcl.
K.B.

Immer noch beschleunigend.
zu 2
Gr. Fl. I, II.
Hob.
Klar. in B.
Engl. H.
in F.
Hr.
in E.
Fag.
I.
Trp. in F.
II.
Pos.
B. T.
Pk.
ff
più f
f
Immer noch beschleunigend.
I.
Viol.
II.
Br.
B.
Mk.
Vcl.
K. B.
sempre f
(Sie müht sich um Isolde.)
Lebst du? I-sol-de!
Marke.
(Marke mit seinem Gefolge hat Kurwenal mit dessen Helfern vom Tore zurückgetrieben und dringt herein.)
O Trug und Wahn! Tri- - -stan! Wo

Langsamer.
Sehr zurückhaltend.
Gr. Fl. I. II.
Hob.
Klar. in B.
Engl. H.
I. in F. II. Hr. III. in E. IV.
Fag.
Baßkl. in B.
(ausdrucksv.)
Trp. I. II. in F.
Pos.
B. T.
Pk.
Langsamer.
Sehr zurückhaltend.
I. Viol. II.
Br.
Kurwenal (schwer verwundet, schwankt vor Marke her nach dem Vordergrund).
K.
Da liegt er hier, — wo ich — liege.
(Er sinkt bei Tristans Füßen zusammen.)
Mk.
bist du?
Tristan! Tri-stan! I - sol - de! Weh!
Vcl.
K. B.
pizz.
(Vcl. mit Dämpfer.)

Langsam.
Noch mehr zurückhaltend.
Fag.
Baßkl. in B.
Pos.
II. (allein)
Viol. I.
Br.
K.
Vcl.
K.B.
pizz.
(I. Violine mit Dämpfer.)
(nach Tristans Hand fassend.)
Tri - stan! Trau - ter! Schilt mich nicht, daß der Treu - - e auch mit kommt!
(Er stirbt.)
e più p
più p
(nur die I. Hälfte.)
(alle) Bog.
Mäßig.
Hob.
Fag. I. II.
Baßkl. in B.
Trp. I. II. in F.
Pos. II. III.
I. (allein)
poco cresc.
zu 2
I. Viol. II.
trem.
Bog.
Marke.
Mk.
B. Nicht nahe bei Tristan.
Tot denn al - les! Al - - - les tot!
(ohne Dämpfer.)

Bewegter.
(allein)
Hr. II. in F.
p poco a poco
cresc.
Baßkl. in B.
cresc.
I.
Fag.
II. III.
poco a poco
cresc.
p poco a poco
cresc.
Bewegter.
Viol. II.
p
cresc.
Br.
sempre cresc.
Mk.
Mein Held, mein Tri - stan! Trau - tester Freund, auch heu - te
Vcl.
p (sehr ausdrucksvoll)
sempre cresc.
K.B.
sempre più cresc.
Immer belebter.
Hr. II. in F.
f
molto cresc.
Baßkl. in B.
f
molto cresc.
Fag.
f
p cresc.
f
p cresc.
Immer belebter.
Viol. II.
f
p
cresc.
Br.
f
p
cresc.
B. Näher zu Tristan.
Mk.
noch mußt du den Freund ver - ra - ten? Heut, wo er kommt dir höchste Treu - e zu be - wäh - ren? Er - wa - che! Er -
Vcl.
f
p
cresc.
più cresc.
K.B.
f
p
cresc.

Zurückhaltend.
Engl.H.
molto cresc.
ff
dim.
Klar. in B.
molto cresc.
ff
dim.
molto cresc.
ff
dim.
(I. nach E.)
I.
Hr. in F.
II.
molto cresc.
f
ff
dim.
p
più f
ff
dim.
Baßkl. in B.
(nach A)
più f
ff
dim.
più p
Fag.
molto cresc.
ff
dim.
molto cresc.
ff
dim.
Pos.
f
dim.
f
dim.
Pk.
tr
p
Zurückhaltend.
Viol. II.
più f
ff
dim.
p
Br.
più f
ff
dim.
p
B. Noch näher.
(Schluchzend über die Leiche sich herabbeugend.)
Mk.
wa - che! Er-wa - che mei - nem Jam - mer! Du
Vcl.
molto cresc.
più f
ff
dim.
K.B.
molto cresc.
più f
ff
dim.
p

Hob. I.
Hr. in F. II.
III. IV.
(gedämpft)
in F
Fag.
Pk.
(mit Dämpfer)
Viol. I.
II.
Br.
Brangäne (die in ihren Armen Isolde wieder zu sich gebracht).
B. Isolde ganz
B.
Sie wacht, sie lebt! I - sol - de! hör mich,
Mk.
treu - los treu - ster Freund!
pizz.
Bog.
Vcl.
K.B.
Etwas beschleunigend.
Hob.
poco cresc.
Klar. in B.
Engl.H.
Belebend.
Viol. II.
Br.
teilnahmlos starr vor sich hinblickend.
vernimm mei-ne Süh-ne! Des Trankes Ge - heimnis entdeckt ich dem Kö-nig: mit sorgender
Vcl.

Hob. — più cresc. — f — dim.

Klar. in B. — cresc. — f — dim. — (nach A) — (nach A) — dim.

Engl. H. — f — dim.

Hr. in F. II. III. IV. — (immer gedämpft) p — (immer gedämpft) p

Pk. — p — tr — tr

Viol. I. II. — (immer gedämpft) ppp — p — più cresc. — f — dim.

Br. — più cresc. — f — dim.

B. — Eil stach er in See, dich zu er-reichen, dir zu ent-sa - - - gen, dir zu-zu-füh - ren den Freund.

Vcl. — più cresc. — f — dim.

K.B. — f — dim.

Mäßig bewegt.

(nicht gedämpft)

Hr. in E. I. — p dolce — p — poco cresc.

Hr. in F. II. III. IV.

Baßkl. in A. — p — p dolce

Fag. I. II. — zu 2 — p dolce

Pk.

Mäßig bewegt.

Viol. I. II. — più p — p

Br. — p — p

Mk. — Marke. — War-um, I-sol-de, war-um mir das? Da hell mir ent-hüllt, was zu-vor ich nicht fassen konnt,

Vcl. — p — p

K.B. — pizz. p — Bog. (zart) p

Belebend.
Hob. I.
in E. I. Hr.
in F. III. IV.
Baßkl. in A.
Fag.
Pk.
Viol. II.
Br.
Mk.
Vcl.
K.B.
(ohne Dämpfer)
(G-Saite.)
poco cresc.
cresc.
wie se - lig, daß den Freund ich frei von Schuld da fand! Dem hol - den Mann dich zu ver-
Engl. H.
Pos.
mäh - len, mit vol - len Se - geln flog ich dir nach. Doch Unglückes Ungestüm, wie erreicht es, wer Frieden
pizz.
Bog.
(get.)

poco accel.
Allmählich zurückhaltend.
Engl.H.
Hr. in F.
Pos.
Pk.
cresc.
più f
ff
p cresc.
in F
p (alle gedämpft)
(mit Dämpfer)
Viol. I. II.
Br.
B.
Mk.
Vcl.
K.B.
Brangäne.
molto cresc.
Hörst du uns nicht? Isolde! Traute! Ver-
bringt? Die Ern-te mehrt ich dem Tod: der Wahn häuf - te die Not.
pizz.
Sehr mäßig beginnend.
Klar. I. in A.
Baßkl. in A.
(alle ohne Dämpfer)
(in E)
(get.)
(mit Dämpfer)
trem.
(Isolde, die nichts um sie her vernommen, heftet das Auge mit wachsender Begeisterung auf Tristans Leiche.)
B. Isolde von Brangäne sich befreiend, immer knieend, mit dem Blick auf Tristan; kaum Bewegung.
B. Kleine Bewegung.
Mild und lei-se wie er lächelt, wie das Au-ge hold er öffnet, —
nimmst du die Treue nicht?
Bog.
(nur 2)
(4)

Gr.Fl.I.
Hob.
Klar. in A.
in F.
Hr.
in E.
Fag.
Baßkl. in A.
Pos.
Hrfe.
1.Hälfte
Viol.I.
2.Hälfte
1.Hälfte
Viol.II.
2.Hälfte
Br.
I.
Vcl.
K.B.
pp
cresc.
p
(mit Dämpfer)
molto cresc.
p molto cresc.
pizz.
(zus.)
B. Den Kopf sehr leise wendend.
seht ihr, Freunde?
Seht ihr's nicht?
B. kleine Steigerung.
Im-mer lichter
wie er leuchtet,
Stern
B. Marke und Brangäne blicken während Isoldens Verklärung nicht in das Publikum, oder abseits, sondern unverwandt auf Isolde.– Brangäne immer bereit ihr beizustehen, mit schmerzlicher Verklärung; so gut wie keine Gebärden.

Etwas bewegter.
Gr. Fl. I.
Hob.
Klar. in A.
in F.
in F.
Hr.
in E.
in E.
Fag.
Baßkl. in A.
Pk.
Hrfe.
Etwas bewegter.
1. Hälfte
Viol. I.
2. Hälfte
1. Hälfte
Viol. II.
2. Hälfte
Br.
I.
Vcl.
K.B.
p cresc.
dim.
p dolce
più p
(ohne Dämpfer)
(zus.)
pp dolce
B. Mit einem Knie sich erhebend.
B. Etwas bewegter die Frage.
- um - strah - let hoch sich hebt?
Seht ihr's nicht?
pizz.
Bog.

Hob.
Klar. in A.
Hr. III. IV. in E.
Fag.
II. u. III.
I. Viol. II.
Br.
I.
Vcl.
K.B.
p dolce
(immer sehr ruhig)
dolce
(ohne Dämpfer)
(zus.)
p dolce
B. Isolde sich weiter erhebend, sieht Tristan vor sich.
Wie das Herz ihm mu - - tig schwillt, voll und
Hr III. in E.
Baßkl. in A.
allein
p (sehr zart)
B. Leise Abenddämmerung.
hehr im Bu - sen ihm quillt? Wie den

Hob.
p dolce
Klar. in A.
p dolce
p
allein
in F.
Hr.
in E.
p (sehr zart)
dim.
pp
dim.
pp
Fag.
p
p
p
p
p
Baßkl. in A.
p
I.
Viol.
II.
p
dim.
(immer sehr weich)
3
Br.
dolce
p
I.
Lip - - - pen, won - - - - - nig mild, sü -
Vcl.
dim.
p
dim.
K. B.
pizz.
Bog.
pizz.

allein
Gr. Fl. I.
Hob.
Klar. in A.
Engl. H.
in F.
Hr. in E.
III
Fag.
Baßkl. in A.
Pos.
Hrfe.
I. Viol. II.
Br.
I.
-ßer A - tem sanft ent - weht:
Vcl.
K.B.
pizz.
Bog.
pizz.
dolce
più p
pp
p

Gr. Fl. I.
Hob.
Klar. in A.
Engl. H.
in F.
Hr.
in E.
Fag.
Baßkl. in A.
Pos.
Pk.
Hrfe.
I.
Viol.
II.
Br.
I.
Vcl.
K.B.
più p
cresc.
zu 2
IV.
trem.
dolce
Bog.
Freun - de! Seht! Fühlt und seht ihr's nicht?

I.
Gr. Fl.
II.
pp
poco cresc.
Hob.
Klar. in A.
Hr. III. IV. in E.
Fag. I.
Trp. I. II. in E.
Pos.
Pk.
tr
Hrfe.
p
dolce
Viol.
I.
II.
Br.
B. Isolde ist hier ganz erhoben, aber nicht fest, wie schwankend; sie blickt nach dem ihr vorschwebenden Tristan. — Sehr sanfte Bewegungen. — Zarte Abendröte im Hintergrunde.
Hö - - re ich nur die - - se Wei - se,
Vcl.
pizz.
Bog.
K. B.

I.
Gr. Fl.
II.
Hob.
Klar.
in A.
in F.
Hr.
in E.
Fag.
Baßkl.
in A.
Pos.
Hrfe.
1.Hälfte
Viol.I.
2.Hälfte
1.Hälfte
Viol.II.
2.Hälfte
Br.
I.
Vcl.
K.B.
dim.
p
pp
(zus.)
(get.)
Bog.
die so wun - - - der - voll und lei - - - - - -

I.
Gr. Fl.
II.
Hob.
Klar. in A.
in F.
Hr
in E.
Fag.
Baßkl. in A.
Trp. I. II. in E.
Pos.
Pk.
Hrfe.
1. Hälfte
Viol. I.
2. Hälfte
1. Hälfte
Viol. II.
2. Hälfte
Br.
I.
Vcl.
K.B.
più p
pp
dolce
sempre pp
dol.
sempre p
(get.)
(get)
se, Won ne
(nur die I. Hälfte der K.B.)
sempre pp

Gr. Fl. I.
più p
Hob.
dolce
pp
Klar. I. in A.
più p
in F.
Hr.
in E.
pp
più p
Fag. I.
Baßkl. in A.
Hrfe.
1. Hälfte
Viol. I.
2. Hälfte
più p
1. Hälfte
Viol. II.
2. Hälfte
dolce
Br.
più p
dolce
I.
kla - - gend, al - - les sa - - gend, mild ver-
(zus.)
dolce
più p
1. Hälfte
Vcl.
2. Hälfte
(get.)
K.B. 1. Hälfte

Gr. Fl. I.
Hob. I.
più p
Klar. I. in A.
in F.
Hr.
in E.
p cresc.
I.
Fag.
II.
p cresc.
pp
Baßkl. in A.
più p
Hrfe.
morendo
1. Hälfte
Viol. I.
2. Hälfte
pp
cresc.
1. Hälfte
Viol. II.
2. Hälfte
più p
pp
cresc.
Br.
pp
cresc.
I.
söh - - nend aus ihm tö - - nend, in mich drin-get, auf sich schwinget, hold er-
1. Hälfte
Vcl.
2. Hälfte
morendo
pp cresc.
pp
cresc.
1. Hälfte
K.B.
2. Hälfte
pp cresc.
pp
cresc.

Gr. Fl. I. II.
zu 2.
cresc.
Hob.
cresc.
più f
Klar. in A.
molto cresc.
Engl. H.
molto cresc.
in F.
Hr.
in E.
cresc.
molto cresc.
Fag.
molto cresc.
Baßkl. in A.
molto cresc.
I.
Trp. in E.
II.
Pos.
Pk.
Hrfe.
I.
Viol.
II.
(zus.)
Br.
I.
hallend, um mich klin - - - get?
B. Hoch aufgerichtet, charakteristische
Hel - ler
Vcl.
K.B.

zu 2.
Gr. Fl. I. II.
Hob.
Klar. in A.
Engl. H.
in F.
Hr.
in E.
Fag.
Baßkl. in A.
I. Trp. in E. II.
Pos.
Pk.
Hrfe.
I. Viol. II.
Br.
Bewegung der Hände, als ob sie entschwebe.
I.
schal - lend, mich um - wal - lend, sind es Wel - len sanf - ter
Vcl.
K.B.

Hob.
Klar. in A.
Engl. H.
in F. Hr. in E.
Fag.
Baßkl. in A.
Trp. II. in E.
allein
Pos.
Hrfe.
I. Viol. II.
Br.
I.
Lüf - te? Sind es Wol - ken won - ni-ger Düf - te? Wie sie
Vcl.
K.B.
cresc.
poco cresc.
p cresc.

Hob.
Klar.
in A.
Engl.H.
in F.
Hr.
in E.
cresc.
Fag.
Baßkl.
in A.
Trp. II.
in E.
un poco cresc.
p
Pos.
un poco cresc.
p
un poco cresc.
p
Hrfe.
I.
Viol.
II.
Br.
I.
schwel - - len, mich um- rau - schen, soll ich at - men, soll ich
Vcl.
(get.)
K.B.

I.
Gr.Fl.
II.
Hob.
Klar. in A.
Engl.H.
in F.
Hr.
in E.
Fag.
Baßkl. in A.
I.
Trp. in E.
II.
Pos.
Pk.
Hrfe.
I.
Viol.
II.
Br.
I.
lau - - schen? Soll ich schlür-fen, un-ter-tau-chen? Süß in Düf-ten mich ver-
Vcl.
K.B.
pp
cresc.

I.
Gr. Fl.
II.
Hob.
Klar.
in A.
Engl. H.
cresc.
in F.
Hr.
in E.
Fag.
Baßkl.
in A.
Trp. I.
in E.
pp
Pos.
pp
pp
Pk.
tr
Hrfe.
I.
Viol.
II.
Br.
I.
hau - chen? In dem wo - gen-den Schwall, in dem tö - nen-den
Vcl.
K.B.

Kl. Fl.
I. Gr. Fl. II.
Hob.
Klar. in A.
Engl. H.
in F. Hr. in E.
Fag.
Baßkl. in A.
Trp. I in E.
cresc.
Pos.
cresc.
cresc.
B. T.
Pk.
Hrfe.
I. Viol. II.
Br.

B. Mächtigste Bewegung beider Arme nach oben und in die Weite, während der Körper zu sinken beginnt.

I. Schall, in des Welt- A - - - - tems

Vcl.
K. B.

Kl. Fl.
I.
Gr. Fl.
II.
Hob.
Klar.
in A.
Engl. H.
in F.
Hr.
in E.
Fag.
Baßkl.
in A.
Trp.
in E.
Pos.
B. T.
Pk.
Hrfe.
I.
Viol.
II.
Br.
I.
Vcl.
K.B.
dim.
p
tr
we - hen - dem All, –
er - trin

I.
Gr. Fl.
II.
dim.
più p
Hob.
p
Klar.
in A.
Engl. H.
in F.
Hr.
in E.
Fag.
Baßkl.
in A.
Trp.
in E.
pp
Pos.
B.T.
Pk.
tr
Hrfe.
trem.
I.
Viol.
II.
Br.
ken, ver - sin - ken, un - be -
Vcl.
pizz.
K.B.

I.
Gr. Fl.
II.
Hob.
Klar. in A.
in F.
Hr.
in E.
Fag.
Baßkl. in A.
Trp. in E.
Pos.
B.T.
Pk.
Hrfe.
I.
Viol.
II.
Br.
I.
Vcl.
K.B.
pp
dolce
pp dolce
pizz.
Bog.
wußt,— höch - - - - - - ste Lust!
(Isolde sinkt, wie verklärt, in Brangänes Armen sanft auf Tri-

rallent.
I.
Gr. Fl.
II.
Hob.
e più p
Klar. in A.
Engl. H.
in F.
Hr.
in E.
Fag.
Baßkl. in A.
Trp. in E.
Pos.
B. T.
Pk.
Hrfe.
rallent.
I.
Viol.
II.
morendo
Br.
pizz.
Bog.
stans Leiche. Große Rührung und Entrücktheit unter den Umstehenden.)
(Marke segnet die Leichen.)
(Der Vorhang fällt während der letzten Fermate.)
Vcl.
K. B.